把**教**育
教
装进
日子里

北京市十一学校『我们的故事』项目组——

著

教育科学出版社
·北京·

北京市十一学校"我们的故事"项目组

葛方圆　　柳　荻　　刘佳琪　　马晓慧

聂　璐　　朱美硕　　卓小丹

（排名不分先后）

　　每天清晨，当太阳从地平线上升起的时候，九百六十万平方公里的土地上，大约两亿青少年在做着同一件事——上学去。他们怀揣着梦想，走进校园，在那里度过宝贵的一天。

　　一天，看似平凡、简单，但在教育工作者眼里，它对孩子的成长意味深长。它是孩子成长的阶梯，是走向未来的重要一步，是生命历程中无法重来的记忆。因此，必须过好。

　　那么，这一天，该怎样度过呢？北京市十一学校（简称"十一学校"或"十一"）的老师们，付出了无数心血与努力，为一个一个日子赋予特别的意义。他们不遗余力地创造每一天的美好与感动，让校园生活迸发出真实的育人力量。

　　一年又一年，一件件小事，一个个必须经历的工作流程，都被他们特别对待。老师们挖掘它们的教育内涵，赋予它们快乐与趣味、神圣与庄严。由于教育者的用心，一个个琐碎、忙碌的日子变得不再平常，点滴细碎的时光变成学生特别期待的大日子。

　　本书记载的就是我们在十一学校度过的一个个有意义的日子。一年里，从 2 月新学期开始，升旗日、学长有约等每周带来不同精彩。此后，除了 8 月，月月也都有独特的校园文化日。正是这些不同寻常的、流光溢彩的、意义非凡的日子，让日复一日的校园生活有了亮色，有了价值，有了值得学生长久记忆的理由。这些日子凝聚着十一学校全体教师的智慧和爱心，诠释着十一学校的办学理念。

更为可贵的是，这些日子属于每一位学生。

在这样的每一天里，无论是庄严神圣的升旗日、成人礼、毕业季，还是异彩纷呈的红窗汇、社团联合招新、外国国家文化日；无论是激情四射的音乐节，还是恣意挥洒的泼水节……学生都是绝对的主人、主角、主力。这是他们的学校，这里有他们的活动、他们的舞台，这些日子因此获得他们发自内心的喜爱。

岁岁年年，年年岁岁，学校成为学生喜欢的地方，让他们憧憬、向往、念念不忘。有些学生毕业了，还特意穿上中学时的校服，来到学校门口，希望能再参加一次活动。他们不舍的，正是曾经在这里度过的一个个特别的日子，令人难以忘怀的日子。

把教育装进日子里，校园里的每一天，就都会在学生的成长中留下深深的印记。

一个一个日子，从指尖悄悄流走，学生一天天长大，从稚嫩到成熟。

一个一个日子，串起来，便是一段美好时光，成为一道亮丽的风景线。

这也是我们为师者的日子，我们的故事和我们创造的教育。

1

2

3

4

5

6

7

校级奖学金
颁奖日

8

9

10

11

12

14

15

1 月

16

17

18

19

20

21

22

23

24

25

26

27

28

29

30/31

1月7日
校级奖学金颁奖日

奖学金颁奖盛典上，掌声不断。在台上的众多颁奖嘉宾中，有一位学生，她叫马鸟鸟。

马鸟鸟的高光时刻

马鸟鸟是一名在校生，是学校乐仁咖啡厅的首席执行官（CEO）。她拿出经营利润的 50% 在学校设立了"乐仁奖学金"，专门奖励具有社会责任感并积极参与公益活动的学生。乐仁奖学金是十一学校第一个由在校生设立的奖学金。

一年前，马鸟鸟也参加了奖学金颁奖典礼，她所在的乐仁咖啡厅是当年唯一一个获奖团体。团队代表上台领奖时，马鸟鸟看着台上同学满是开心和自豪的面容，暗下决心，明年也要站到这个领奖台上。

现在，马鸟鸟虽然没有获得奖学金，但她圆梦了。作为典礼中唯一一名颁奖的学生，今年的她坐在观众席第一排。

在这一年里，马鸟鸟成为咖啡厅的 CEO，并和咖啡厅的其他同学一起摸爬滚打，不断改善经营模式和营销方式，成功向学校上交了 4500 元的经营利润作为奖学金。当初她和校长提出，奖学金金额是咖啡厅盈利的 50%，4500 元大大超出了他们的预期。

"我们可以一分钱都不赚，但不可以让奖学金单薄，让慈善意识单薄。"马鸟鸟说，"我们经营咖啡厅，也曾遇到困难，也有想退缩的时候。但我们知道，慈善是一件没有截止日期的事。传播慈善精神的路很长，也不容易。既然选择了前方，我和经营咖啡厅的其他同学就都不会停下脚步。我们会尽全力让慈善精神发扬光大。"

如今，乐仁奖学金已经颁发了十几个学期，点亮了一批批热心公益的学生。

更多在校生设立了奖学金

受马鸟鸟团队的启发，越来越多的十一在校学生设立了奖学金。

2013 级高一环保小组发起了"环保奖学金"，他们通过回收废品筹集奖金，奖励对环境保护有贡献的学生或团体；商业类社团的学生设立了"乐群奖学金"，他们贡献出社团利润，用于奖励优秀学生社团；2007 届高中毕业生俸越设立了"思享奖学金"，奖励那些有创造力、有思想深度和变革能力的学生……

这些奖学金点亮了越来越多的学生。

◎ 2021 年校级奖学金颁奖典礼现场

三次获得奖学金的康偲睿

表扬、表彰和奖励，往往会成为校园的风向标。表彰什么样的学生，奖励他们做了哪些事情，其实正是学校和老师给出的方向。

负责奖学金评定的周劢老师感慨道："评选奖学金时，那么多创造和成果让人目不暇接。透过这些申报材料，我们能看到十一学子在广阔空间里的成长轨迹。很多学生能从身边小事入手，服务社会，胸怀天下，实现全面而有专长的发展。"

康偲睿曾获得三个校级奖学金，第一个奖学金奖励她创作了一套环保海报。这套海报共有三张。节约用电海报由猫头鹰代言，呼吁大家随手关灯，为它们留下宝贵的黑暗时光。节约用水海报由火烈鸟代言，呼吁大家盛水时注意节约。节约用纸海报由考拉代言。考拉常年居住在树上，而造纸离不开使用树木，所以考拉们更想为它们的家园呼吁。

◎康偲睿设计的环保海报

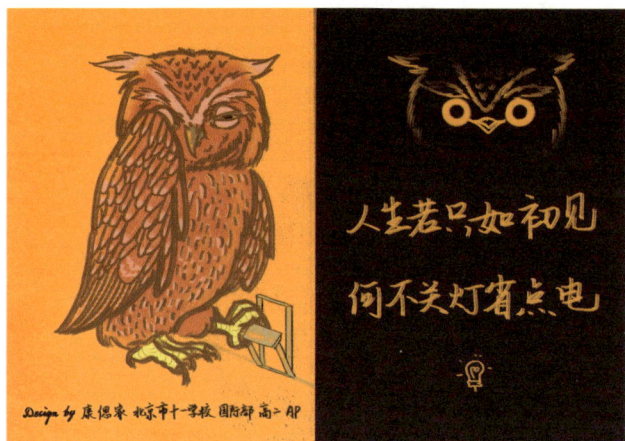

就这样，康偲睿用她的笔，把可爱的动物们带到校园中，让环保意识从她的笔尖流入每个人的心间。

第一次获奖后，康偲睿发现，自己突发奇想的一些事，居然真能给学校带来很大改变。于是她更愿意去尝试喜爱的事情了。后来她通过编程设计了一款手表软件，让那些不会使用智能手机、身体行动不便的老年人，能方便地和其他人进行沟通。这在一定程度上帮助老年人减少了孤独感。这个作品申请到了同梦奖学金。

多一把尺子，就会多一批好学生

现在，获得校级奖学金已经是十一学子心中非常高的荣誉，大家申报的项目也往往令人赞叹不已。比如，刘毅伦设计了学校校服管理方案，于是他因探索新校服管理模式而获得"金苹果奖"；李原赫制作了一部有关琉璃工艺的纪录片，以此获得"思享奖学金"；段宇光组织创办"学长有约"活动，因参与完善学校"学长制"课程而获得"金钥匙奖"……

值得一提的是，学校曾有8份学生提案经由人大代表提交到全国"两会"上，被媒体报道后获得积极反响。撰写这些提案的9位同学，由此获得校级奖学金，因为他们体现了学校倡导的勇于担当的精神。

（聂 璐）

❝ 小贴士

1. 奖学金不仅是一种评价手段，也是一种激励工具。学校倡导什么，就会收获什么样的学生。

2. 十一学校每年两次评选校级奖学金，每学期一次。奖学金评选先由学生自主申报，再由学校进行甄选和评定。

3. 目前，十一学校的校级奖学金，包括环保奖学金、课堂金思维奖学金、乐群奖学金、英才奖学金、乐仁奖学金、思享奖学金、同梦奖学金、溪流奖学金和校长奖学金等共9个。其中，校长奖学金又细分为三个类别：金苹果奖、金钥匙奖和金舵手奖。

4. 颁奖嘉宾由获奖同学喜爱的老师担任。

5. 邀请家长出席颁奖典礼，共同见证学生成长。

❞

1	2	3	4	5
6	7	8	9	10
11	12		14	15
16	17	18	19	20
21	22	23	24	25
26	27	28	29	

2月

升旗日

作为课程，升旗仪式如何发挥主题教育和仪式教育的作用？如何充分展示年级文化，增强仪式的针对性？十一学校不断探索，形成了一套升旗仪式方案——每月一次全校升旗日，每周一次年级自主升旗仪式。

不用集合的升旗仪式

清晨的十一校园，师生跨进校门向各教学楼走去。

7 点 30 分，广播响起："升旗仪式现在开始，请停止活动。"

一个个走动的身影立即停下，面向国旗方向，伴着嘹亮的国歌声，注目行礼……

每天，无论清晨升旗，还是傍晚降旗，只要广播响起，校园里行走的、操场上踢球的、树荫下畅谈的，都会停止活动，面向国旗，庄严行礼。

每年新入校的学生和老师，都会对这一场景印象深刻。

一般他们先是不明所以——"怎么大家突然都不动了？"因为在看不见国旗的地方，听到国歌响起，大家也会面向国旗方向站好。

接着他们恍然大悟——这是十一人对国旗的尊重，是自觉的仪式。

◎国歌响起，师生面向国旗方向站好

后来，新生们入乡随俗——不用什么指导和要求，他们便能快速适应，恪守这份自觉与敬重。

全校升旗日

全校升旗日每月一次，一般在当月校园文化日或重大纪念日举行。

负责全校升旗日出旗、升旗和每天升降旗任务的，是学校的国旗护卫队。来自高一年级的 40 位队员，20 位男生 20 位女生，自加入国旗护卫队开始，每天负责升降国旗。

每年 10 月的全校升旗日，以"新老旗队交接"为主题。在这次仪式上，新老国旗护卫队进行交接。老旗队的每一位同学都会获得一个奖杯，上面镌刻着过去一年参与升降旗的次数。

2021 年的旗队交接仪式后，第十五届国旗护卫队队员李泽宇感慨道："当我看到新队长接过旗帜，表情庄重地扛着国旗稳步走下台阶时，不由得想起自己加入国旗队时的激动与希冀。国旗队带给我的责任感与使命感，是其他事情难以比拟的。希望下届队员们能将国旗队的精神继承并发扬下去。"

新国旗护卫队队长严戈回忆起交接过程时仍十分激动："旗队的 40 位同学整齐地在操场上列队。朝阳的光辉越过容光楼，照耀着每一位同学。阳光的灼热没有使大家转移目光，脸颊的汗滴没有使大家改变动作。10 多分钟后，随着一声响亮的'出旗'，便传出整齐的脚步声……这是对国旗的尊重，也是对多次训练的检验。"

全校升旗日的魅力，还来自每次升旗仪式都由师生组成设计团队，结合当次主题，选择适当的形式呈现。

"在筹备全校升旗仪式的过程中，我们格外注重学生的体验。我们组建的师生团队，就主题多次研讨，努力发掘身边人的故事，力求让学生在聆听时能建立起真实的情感连接。"全校升旗仪式设计团队的刘芳文老师分享道。

每次升旗仪式的发言人、主持人会经过学生自主报名、年级推荐、校团委面试、培训等流程确定。为了给更多同学参与的机会，每次发言人和主持人都不同。这样每年会有 60 多位同学体验到国旗下讲话，这令他们终生难忘。

◎国旗护卫队参加升旗仪式

　　"此外，在仪式上，我们也一直在创新。比如，我们会在国旗下的讲话分享环节加入展板、音乐、视频等元素，促进台上台下联动，以使师生获得参与感，有收获感。"刘芳文老师说。

　　比如，2021 年 6 月王涵等 7 名同学和王泽老师联手，为高三同学创作了加油歌曲《六点半的梦想》。"为高三学长送考"升旗仪式开始前，这首原创歌曲唱响在操场上空，祝福每一位高三同学为梦想而努力。

年级自主升旗仪式

从初一到高三，十一学生的年龄跨度较大，学情也有较大差异。为了更好地满足学生的成长需求，年级自主升旗仪式应运而生。针对学生的身心特点和教育需求，各年级自主选择时间、地点，每周为学生量身定制升旗仪式主题。

2022年初，初一年级的同学们将年级升旗仪式办成了"新年诗会"，用诗歌创作和朗诵的形式迎接2022年。这样的升旗仪式一举多得，既提升了学生的语文素养，又丰富了升旗形式，还调动了学生热情，增强了新年仪式感。

2021年8月，新学年开学前，高二年级总咨询师史建筑老师，召集年级咨询师团队，结合疫情后学生的学习情况和未来一年的目标，商定出四个年度成长关键词：重塑、专注、行动、赋能。

围绕这四个关键词，老师们进行头脑风暴，确定了年级本学期的升旗主题。比如，"专注力·高效能""我的下午4:20之后""用诊断反思支持未来学习""培养习惯，助力成长""我身边的学习黑客""高二，我积蓄了哪些能量"等。

学生可以就感兴趣的话题自主报名，在年级升旗仪式上与同学分享。升旗仪式前一周，年级咨询师还会与分享的学生一同打磨稿件，彩排试讲。

洪昕悦很快想好了要分享的话题。"我想分享与'专注力·高效能'有关的内容。居家学习期间，我试了很多提升专注力的方法，还有一些实用的应用程序可以推荐给同学们。我打算今天就和张珊老师聊聊我的想法，应该可以做一场实用的分享。"

一学期后，洪昕悦在"专注力·高效能"升旗仪式中提到的方法，已经被年级的许多同学掌握。谈起对这学期升旗仪式的感受，赵芙卿回忆道："一学期以来，最直观的感受就是升旗仪式不是简单的活动，而是一门养成课程。每周我都期待会有什么惊喜……"

学生在升旗仪式上发言，是一件一举多得的事。对在台上发言的学生来说，公开演讲机会难得。在准备过程中他们与老师深入交流，这是梳理经历、内化经验和提高表达能力的好机会。

对在台下倾听的学生来说，同伴的分享让人更感同身受。身边同学的成功经验或失败教训，有时比书中的妙计或长辈的教诲更适合自己。

无论是全校升旗日还是年级自主升旗仪式，师生们的用心设计让短暂的 20 分钟变得丰富多彩、内涵十足。

（朱美硕）

66 —小贴士

1. 除每日的升降旗仪式外，学校每周都有一次升旗日。升旗日或全校统一进行，或由年级自主组织，每次都精心设计教育主题。

2. 适合年级自主升旗仪式的 15 大主题类型：

①家国情怀类；②传统教育类；③中华文化类；④爱国教育类；⑤理想信念类；⑥时政热点类；⑦学校文化类；⑧学校培养目标类；⑨学校倡导的即兴主题类；⑩行为规则类；⑪目标规划类；⑫学生学习成果分享类；⑬年级学生榜样示范类；⑭年级大型活动动员类；⑮年级问题解决类。

3. 不适合年级自主升旗仪式的 5 大主题类型：

①某个特定学科的学法指导；②学生个别化问题的解决指导；③没有中心和不够聚焦的多个主题；④教育意义不突出的主题；⑤容易引发学生负面情绪的主题。

每天中午 12：00
校长有约

一次，中国教育报记者李建平老师来十一学校采访。接受采访的同学问："您是记者吗？为什么要采访我？""我是中国教育报的记者，"说到这，李老师又补了一句，"是你们校长的朋友。"学生自豪地说："哦。我也是校长的朋友，校长还给我发过消息呢！"

在十一学校，工作日每天中午都有"校长有约"共进午餐活动。学生只需在学校的云平台预约，就能有机会跟校长一起像朋友一样吃饭、聊天，还能获得一本校长赠书。这个活动已经坚持了十多年。通过这种方式，校长与越来越多的学生成为朋友。

我就想看看校长什么样子

参加"校长有约"共进午餐的学生，近一半都来自初一年级。他们很多人都对校长感到好奇，抱着探险的心态，约上好几个小伙伴成群结队地一起来。

面对这些初一的小可爱，校长一般都会轻轻松松地跟大家聊起来：觉得作业多不多啊？学习累不累啊？导师是哪位老师啊？是不是住宿生啊？有什么困难吗？……哪怕是没带着任何问题来的学生，也能在这种自在的气氛下，自然地聊起校园生活中大家关注的话题。

宋雨辰歪着脑袋说："感觉现在学校留的作业比较少，希望老师可以留一些选做作业。如果我们做了这些作业，老师也可以批改。"田俊校长笑道："布置选做作业，这是个很好的想法啊！"他转头对现场负责记录的老师说："可以反馈给年级，如果有同学完成了选做作业，请老师们及时反馈。"

同是初一的廖雨萱已连续两周报了"校长有约"。上一次她反映的是学科教室图书归还问题，这次来主要是为了告诉校长问题解决了，顺便还想再跟校长一起吃顿饭。

一顿饭吃完，孩子们"探险"成功，问题也得到了解决。临走时，校长还不忘提醒一句："开学护照上都有我的手机号，有事可以随时给我发信息。"

校长，这是我们的方案

高年级的同学很多时候是带着方案来赴约的。

有一次，几位同学与李希贵校长共进午餐。还没动筷子，高一学生杨明微就问李校长："学校绿化能不能听听学生的意见？""没问题！你们可以做一个调查，看看同学们喜欢什么树，可以和教导处共同做个方案。"

杨明微高兴地点点头。刚吃了一口菜，她又想起了什么，问李校长："我们想用学校的录音棚，可以吗？"校长马上接过话："当然可以！学校的所有资源都可以对学生开放。餐厅、会议室都可以用，校长办公室想用也可以！"在场的同学全都笑了起来。

国际部高二的台启蒙同学是学校国术社团社长，她来到"校长有约"是想跟田俊校长讨论新开一门课程的可行性。"有一位同学即将出国，这位同学的妈妈找到我，希望我们能教孩子一些基本的安全风险识别技能和应对突然袭击的防身技能。我们的武术课程和社团活动平时练习的都是表演类的竞技武术，并不实用，想问问学校能不能提供这方面的课程支持。"

田校长觉得她的想法非常好，建议体育学科邬瑞祥老师协助落实。从下个学期开始，面向完成申请、即将出国学习的国际部高三同学试运行准留学生防身术课程。这将是继厨艺、多语种课程后第三个面向出国学生的特需课程。决定开设前两个课程，也都与"校长有约"中同学们的建议有关。

每年学校都有"十事实办"活动，其中很多项目就源自"校长有约"中的讨论。比如在校园里加装 AED（Automatic External Defibrillator，自动体外除颤仪）设备、改善操场灯光、学校云平台双语化等。

校园日常的很多改进也由"校长有约"推动，其中有关食堂的就有很多：新增了轻食餐厅、小份菜窗口、清真窗口；咖啡厅增加了叫号设备以提高效率；多个窗口延长营业到晚上 7：30，让晚餐时临时有事的同学也能吃好饭。为了更好地服务师生，食堂餐桌上还出现了用于反馈意见的二维码。"如果你们不想办法及时接收和反馈同学们的意见，他们就会来找我。"校长对食堂的负责人说。

把眼光放长远

杨尚卿同学因数学竞赛成绩突出，获得保送大学的资格。一天，他来到"校长有约"现场。他看起来并不开心，也不激动。"我原来努力奋斗的目标就是在竞赛中获奖，现在这件事完成了，我却开始怀疑自己没有选择想要走的道路。"

李希贵校长笑着看着他："数学是很重要的。你想想，未来的发展，哪个行业能离开数学？你不要着急，把眼光放长远，勇敢尝试，慢慢就会找到你自己的方向。"

听了李校长的话，杨尚卿点点头，又继续聊起自己对未来的种种设想。

午餐即将结束，按照惯例，同学可以在"校长有约"房间内的书架上选择一本自己喜欢的书，校长会在书上留下赠言。

杨尚卿选择了一本《想象力的科学空间：25个经典文学IP的科学解答》，李校长在书的扉页写下："赠杨尚卿同学：胸怀天下，脚踏实地。"

如今，杨尚卿已经是北京大学数学科学学院本科三年级的学生。回忆起这件事，他说："我对那次'校长有约'印象非常深刻，可惜高中时只参加了一次。真应该多跟校长聊聊。现在我在读金融数学方向，希望通过自己的努力，能帮助国家去建设更完善的金融体系。现在我越来越能理解李校长所说的'把眼光放长远'的意义了。"

十几年过去了，十一学校已有几千位同学与校长共进午餐。他们愿意跟校长分享自己的所见、所闻、所感，可以毫无保留地提出对学校发展的建议，更能在校长的支持下，身体力行参与学校里的各项工作。

每天中午，"校长有约"的房间在热烈讨论后又重归宁静。书架上的书被陆续送出又被精心填满，越来越多的同学可以自豪地跟人说："校长是我的朋友！"

（柳 荻）

❝ 小贴士

1. "校长有约"每个工作日中午开放，有一位校务委员参加。

2. 学生通过线上预约报名，每次最多可以有6位同学参加。

3. 每位同学每学期最多可以预约两次。

4. 并不是"免费的午餐"，参与的同学每位需支付3元，参与的老师每人支付12元。

5. 现场有教导处老师值班，负责记录学生反馈的情况和校长的处理意见；活动后负责将相关情况反馈给相关部门负责人，并及时将处理结果反馈给提出建议的同学。

6. 参与活动的同学每人可以获得一本校长赠书。学生可以根据自己的兴趣在书架上随意选择。校长会在扉页上写下对这位同学的祝福和期待。 ❞

每周二下午 4：30
学长有约

十一学校，既有"校长有约"，又有"学长有约"。

欲知山下路，须问过来人

新初一同学刚进入十一学校，懵懵懂懂：这么丰富的选修课，好多都想选，应该先选哪个？社团活动和课业学习好想兼得，但时间总不够，我该如何提高效率？小学段是什么？我如何才能利用好这段时间？……

类似的疑问，会经常闪现在新入学的学生脑中。其实，学生在每个阶段都有困惑。这时候，身为过来人的学长就是一个巨大的宝藏资源。回看来路，学长也曾困惑过，也曾走过弯路。他们走出困惑的经验、教训，对每一个同行人都弥足珍贵。

让学生服务于学生的成长，让同伴激发出朋辈的力量——"学长有约"活动应运而生。

于是，每周二下午都会有一位学长，就自己擅长的领域与全校同学进行分享。日常学习生活中，哪位同学有了想分享的灵感，就可以到学校的综合实践课程平台报名，成为待约的学长。学期初，课程负责老师会根据报名情况进行规划，兼顾多个领域，比如年度荣誉学生、学科获奖、竞赛、艺术活动等。负责老师确定各个领域的分享学生、主题与时间后，活动海报便会被张贴在学校各个宣传栏中。

学弟学妹们看到感兴趣的内容，只要在相关平台上报名，到时便可以聆听学长分享，与学长交流。不论是学习上的困惑、心中的烦恼，还是未来职业的规划、促进亲子关系的方法，各种话题都可交流。

一个小时的课程，同学们带着疑问赶来，或倾听，或交流，然后收获满满地离开。

◎ "学长有约"现场（左：主持人侯逸坤；右：分享人韦晨）

创造者的乐趣会传染

一个周二下午，一群初一初二的学生围坐在一位学长身旁，聚精会神地听讲，还不时在笔记本上记录。

人群中正在分享的人是易子舒。他酷爱科技、数学，又喜欢阅读文学作品。这些看上去相差很大的兴趣，在易子舒身上却很好地结合在一起。

"创造的乐趣往往源于一个绝妙的点子。有了点子，热忱与动力会接踵而来。"易子舒说道。他特别喜爱玩乐高，常动手做出小模型来实现灵光一闪的创意。这些都让他很有成就感。

易子舒认识到，想要深入探索科技世界，需要系统学习编程。于是，他开始学编程，从一个个小装置、小程序里面，收获知识和乐趣。

"即便积累丰厚，追梦科技的路上仍充满波折。在参加全国比赛时，现场更是意外不断、问题重重。这些困难让我头疼，但热爱让我坚持到了最后。"易子舒详细描述了参赛经历，并鼓励同学们"无论遇到多少问题，都要全力以赴去解决"。

听了大神学长的分享，很多对科技感兴趣的同学燃起了热情。分享一结束，他们就跑到学长身边，兴冲冲地与他沟通："学长，你们的机器人比赛，我现在能加入吗？""我也想跟学长学编程！"

吕韦谦听了易子舒关于阅读的分享，感触颇深："他以数学和物理为例，向我们解释了读书的意义其实在于理解学科的底层逻辑。这对日常学习有出奇制胜的效果。他说的'稳稳当当下功夫，踏踏实实学东西'和老师之前说的一模一样。只是同样的话从同学口中说出，竟莫名地击中了我。"

创造者的乐趣会"传染"。在"学长有约"，一个个学长的故事让一群人开始蜕变。

送人玫瑰，手有余香

2019 年校园歌手大赛刚落下帷幕，"学长有约"团队就邀请本届冠军周伊晗与同学分享，讲述她音乐路上的追梦故事。

当天的会场上坐满了爱好唱歌的同学。他们当中很多人都想跟冠军学几招，明年也参加比赛。

周伊晗谈了如何选歌、背词和缓解紧张。讲的过程中，她看到学弟学妹们听得非常认真，眼中闪烁着兴奋的光芒。

分享结束后，周伊晗问大家："你们为什么对这个话题这么感兴趣？"一个学妹的回答让她印象深刻，"因为我对歌手大赛期待很久了，但怕自己经验不足，不敢参加。听了学姐的分享后，我找到了信心！"

"这句话给了我莫大的成就感，一方面为自己受到肯定而欣喜，一方面又为能帮到别人而感到幸福。"周伊晗说。在接受采访时，她的每个表情和动作都传达着喜悦。

在互动环节中，很多同学提出让周伊晗现场演唱的请求。对此她没有准备，慌张地想拒绝。不过，看到大家期待的目光后，她临时邀请之前一起合唱过的徐鸣，演唱了当时的比赛曲目《总有一天》。

"演唱结束，全场响起热烈的掌声，我仿佛又回到了歌手大赛的现场。这些掌声会使我走在音乐道路上的脚步变得更加坚定。"

◎周伊晗"学长有约"活动海报

回想参加"学长有约"活动的种种，周伊晗坦言："相比付出，我的收获更多。送人玫瑰，手有余香。那天同学们有没有收到心仪的玫瑰，我不知道，但我清楚自己收获了满满的花香。在未来追梦的道路上，这股花香会一直伴我前行。"

学长们不仅是问题的解决者，也是交流的受益者。他们在准备分享内容的过程中，会就一个话题反复思考、精心雕琢，大家关注的问题催生出他们更深的思考。这个过程也是一种学习和提升。这就是朋辈互助的力量。

独自前行可以走得很快，但结伴同行可以走得更远。在"学长有约"这一课程中，同学们相互支持、相互鼓励，共同成长。

（朱美硕）

❝ ——小贴士

1. "学长有约"活动，一周一次。

2. 自 2012 年开始，"学长有约"活动已走过 10 年。它既帮助许多同学解决了困惑，也让许多同学因此结识了志同道合的伙伴。

3. 学校会定期邀请毕业校友返校，帮助学弟学妹厘清志向、拓宽视野。

❞

每周三下午 4：30
名家大师进校园

自 2008 年以来，每周三下午，都会有一位名家大师走进十一学校，与十一学子面对面互动。他们中有学术泰斗、商界领袖、科学巨匠、政治精英、文化巨擘，一位位名家大师用丰富的人生经验和智慧，点燃学生的心灵，引领他们成长。

每周一位，持续十几年，这对负责这一项目的老师来说是巨大的挑战。老师们之所以能顶住压力，坚持下来，只因为一个朴素的信念："指不定哪位名家大师的哪句话就能点燃一个学生，对他今后的一生都有影响，这就足够了！"

只要学生能有百分之一的收获，老师就愿意付出百分之百的努力。至今，通过该活动已经有超过 350 位名家大师走进十一校园，给一届又一届学生带来精神大餐。

当外交官是怎样的一种体验

青春少年总有远大志向，要从事光辉的事业，对此却往往缺乏了解，不知道为取得成功需要付出多少努力、做哪些准备。各行各业的名家走进校园，为学生带来的是更明晰的理想之路与更开阔的视野。

风度翩翩的外交官令许多同学心生向往，但他们却未必清楚这份工作的具体职责。时任中国驻印度大使孙玉玺先生讲述了自己参与重大外交谈判、处理外交危机等一系列外交活动的经历。当听到外交谈判连轴转，最后不得不用图钉刺膝盖以让自己不打瞌睡的辛苦时，当听到炮弹从使馆办公室的上空飞过，落在院墙外不远处的惊险时，同学们意识到外交工作"风光"背后的艰辛以及一名外交官的使命与责任。

中国航天事业飞速发展。学校请来了航天英雄杨利伟为同学们讲述"航天员是怎样炼成的"。万里挑一的选拔、马拉松式的"魔鬼训练"、惊心动魄的太空之旅，让同学们领略到了航天人的坚毅与为航天事业勇于牺牲的无私精神，也明白了任何时候机遇都不会从天而降，机会总是垂青那些有准备的人。

张书源同学印象最深的则是高思华教授关于中医的那次讲座。此前，他对中医的了解仅仅限于把脉、针灸和味道极苦的中药。那次讲座不仅纠正了他片面的认识，还点燃了他对中医的兴趣。此后，他成了"名家大师进校园"活动的忠实粉丝，几乎每周都参加，在各行各业专家的讲座中收获知识，拓宽眼界，提升自己。

领略各具风采的人生

"你为什么这么爱笑？"

"你为什么胖？"

"你有没有失恋过？"

学生的大胆提问引得全场大笑，嘉宾则用幽默诙谐的方式笑着一一回答。

"你认为你是一位不一般的人吗？你的不一般表现在哪里？"

"我的优点是做事时努力把自己的智慧发挥到极致。每一个人都有自己特殊的东西，应该把它发挥好。除了发扬自己的优点外，还要不断地发现自己的缺点，不断地反思自己。"

一位喜欢戏剧的同学讨教经验："什么时候开始学比较好呀？"嘉宾告诉他，艺术越早接触越好；可以参加学校联欢、话剧、兴趣班等，广泛涉猎。不过，作家、编辑、导演这些职业需要生活阅历，年轻时的表现往往会差点儿。

"哎呀！感觉真的不一样。见到真人了，特别兴奋。这种感觉以前在屏幕上看是没有的，非常亲近。"初二的张子天感慨地说。

雨果奖（正式名称为"科幻成就奖"）获得者郝景芳受邀与同学们分享了自己的科幻作品创作经验。许多学生喜欢看科幻小说，但直到听了讲座后才开始思考，"科技的酷炫"与"文学的浪漫"如何碰撞出火花。郝景芳叮嘱同学们："要充分利用自己的课余时间，开阔视野，做有意义的事。写作需要灵感，不能闭门造车。"

她在谈到作品中的角色与自身经历的相似之处时，数度动情，眼里有泪光闪烁。这让学生们感受到了一个作家内心的柔软。

一句箴言可以引发千万人思考，一次相遇可以改写一个人的人生。"名家大师进校园"活动很好地满足了学生在青春期阶段特有的思想需求和心理需求。当这些名家大师展现出自己生活与工作的更多侧面时，当学子们看到名气背后各具风采的人生时，他们收获了心灵震动与深切感悟。

我的人生供你参考

"名家大师进校园"活动的宗旨是帮助学生"导航人生，厘清志向"，学生根据自己的兴趣与需求自主选择参加。

朝气蓬勃、意气风发的少年们，在一小时的讲座中就能听到名家们几十年的人生智慧。

◎ 一张"名家大师进校园"活动海报

在这里有人体味到"咬定青山不放松"的韧劲，也有人明白了"条条大路通罗马"的道理；有人感受到了生命的力量，也有人领略了智慧的光芒。站在巨人的肩膀上，学子们看到的风景定会不同。借此，他们更好地认识自己，更好地理解世界，更好地思考人生的价值与方向。今天被点燃的他们，多年以后，定能在名家的精神感召下，成长为拥有名家般眼界、心胸、责任感和使命感的国家栋梁和民族脊梁。

（刘佳琪）

66 — 小贴士 —

1. 讲座主题会被制作成海报，提前一周在校内发布，学生根据自己的兴趣与时间自愿在学校云平台报名。

2. 活动的宗旨是帮助学生进行职业规划与人生规划。

3. 邀请嘉宾时，要覆盖尽可能多的职业领域，同时注意时机的选择与对学生的导向作用。

4. 在老师指导下，学生团队参与活动策划、名家邀请、活动传播、嘉宾接待、现场主持等工作。

99

1

2

3

4

5

6

7

8

9

10

11

12

14

15
外国国家文化日

16

17

18
开耕日

19

20

21

22

23

24

25

26

27

28

29

30/31

社团联合招新

每个学期初，学生最期待的活动莫过于盛大的社团联合招新。一边是国风少年拿出刀枪棍棒摩拳擦掌，另一边则是漫画里走出的美少女歌舞青

◎十一国术社的王浚源、台启蒙、李兆轩、李英染、杨景皓在社团招新现场表演

春。有的桌上摆满了各类各式的模型玩具；有的则已调试好乐器音响，随时准备开唱……

对十一学子来说，开学季逛社团招新，就像过年逛庙会。

志同道合的伙伴

十一学校的社团完全由学生自主创办、自主运营。如何扩大社团影响力、招募什么样的社员、如何让社员尽快融入团队，这些都是社长面临的现实问题。解决这些问题的关键是找到校园内志同道合的伙伴。

BNDS（Beijing National Day School，北京市十一学校）歌剧社是王涵同学在 2019 年创办的社团。最初，他只是想要集结一批歌剧爱好者。慢慢地，成员越来越多，社团越来越壮大，并衍生出器乐部、声乐部和创作部等部门。

首任社长王涵和现任社长李田，一直坚持为各类校园活动制作原创音乐，为身边的音乐爱好者编曲，组织大家排练，并抓住机会公开演出，以让团队中的同学们在舞台上收获成就感。

进入高二，李田带领社团主办了六场校园演出，这些演出的受欢迎程度不亚于学校乐团和合唱团的大型展演。在这个过程中，他觉得社团里那些志同道合的朋友起了重要作用。来自各个年级的同学，因为对音乐的共同爱好走到一起，并很快由彼此陌生变为合作默契。

李田说："社团就是将茫茫人海中几个志同道合的人连接起来的纽带，社团与社员之间也相互回馈。志同道合的社员，彼此更能相互激励，共同进步。"

◎ BNDS 歌剧社的李田、刘羽童、严紫陌、张艾杨、蔡岳覃、金子泰在社团联合招新现场表演

　　现在，李田不仅是歌剧社的社长，还通过竞选成为学校社团联合会主席。站在这个更高的平台上，他想为更多社团服务。

适者生存的挑战

　　十一学校的社团包含 15 个大类，大约有 200 个。为什么是"大约有 200 个"？因为很可能今天组建了三个，明天又解散了两个。每个学期末都会有一批社团宣布解散，新学期又会有一批新建社团大张旗鼓地招兵买马。

　　既然是自主创办和运营，社团就要接受"自负盈亏"和"自生自灭"的挑战。在十一学校，如果一个社团需要专业指导，社长要自己去联系相关老师，而诸如活动场地和宣传推广等方面的支持，自然也是社长自己要去努力争取的。这样，经营不善的社团就会解散，能长期存在的社团必然有其独特的竞争力。

在十一学校，很多社团已经存在超过 20 年，HCC（Hot-spot Computer Club）网络技术社就是其中之一。这个创办于 2000 年的社团，曾创建红旗飘飘网站，主办过七届网页设计大赛，也曾带领学校各个班级建立班级网站，并建设了火爆一时的校园虚拟社区。

"当时风生水起的 HCC 并没有想到，2012 年，因为新技术的出现和新鲜血液的缺乏，社团不得不暂时关闭。"曾担任社长的杨中天虽没有经历过那段社团历史，但依旧深有感触。之后，他们意识到技术进步的重要性并重建社团，先后推出 Python Talk、Bash Talk 等多项编程课程，还独创性地开发了"十一圈"社团活动综合管理系统，为全校各社团提供了一个宣传平台。

在"十一圈"网页版推出并广受好评后，他们再接再厉，又相继推出 Windows Phone、Android、iOS 等多平台客户端。此外，他们还开发了一款预约小程序。这款小程序可以帮助同学们提前做好活动规划，节省很多排队时间。

杨中天说："技术更新太快了，我还是更担心找不到合适的继任社长。社长既要热爱技术，又要有能力把一群热爱技术的人团结起来。这样的人才比较难找。"

并不是所有的社团都能像 HCC 一样起死回生，很多社团经营不善就会自动解散。当一个社长面对社团倒闭的结局时，老师会愿意跟社长一起坐下来复盘，分析失败的原因。

做社团，失败与成功同样值得庆祝。

影响一生的经历

如果说社团招新的现场像一场大型招聘会，那么建立一个社团就真的像一群志同道合的伙伴一起创业开公司。对学生来说，这样一段经历不仅是中学时代的难忘记忆，还更长远地影响之后的人生。

◎李如一（右一）同学在社团招新现场介绍自己的社团

◎2021年社团招新现场一角

俸越是 2001 年进入十一学校的。在校六年，他曾参与建立橄榄枝中学生时事论坛，组织同学们讨论当下的热点话题，发出中学生的声音。

回忆起那段时光，他感慨万千："算是年少热血吧。一帮志同道合的朋友想做些事。这是很珍贵的记忆和体验。感谢学校当年提供了一个可以让我们'折腾'的平台。"

更难得的是，当他在大学期间萌生了创业想法时，陪在他身边跟他一起"折腾"的，就是当年在十一校园里共同创办社团的伙伴。大家再次相聚，无须磨合，无须寒暄，多年积累的默契和信任让他们有足够的勇气去共同面对人生的新挑战。

2015 年毕业的杨睿远曾任十一学生电视台台长。在学生电视台工作的四年里，采访、拍片子、剪片子成了他生活中不可缺少的一部分。后来他就读于浙江大学，学的是工科专业，课余仍一直坚持自己的兴趣。他是浙江大学电视台的学生副台长，读研究生时更干脆选择了广播电视专业，未来也希望将影视作为自己的职业方向。谈及自己的发展之路，他肯定地说："这些选择的开端，都是在十一学生电视台的那段经历。"

社团是课程，学生在其中尝试创造，体验协商，学会建设；同时接受问题，迎接挑战，庆祝失败。

社团在传承，社团的故事在继续。多年以后，从前的那些少年回到十一，看到欣欣向荣的社团时，总会不由自主地想起自己当年在社团中成长的故事，想起那些并肩作战的伙伴，想起那段青春无悔的时光。

（柳 荻）

小贴士

1. 在十一学校，学生建立社团需要经过社长培训和团委审核。

2. 学校不为社团配备专业技术指导老师，但每个社团的成长都会得到团委和年级老师的关注与支持。

3. 社长需要努力为社团寻找发展过程中需要的资源，包括专业指导、场地资源和活动参与机会等。

4. 社团联合会常委由社团代表大会选举产生，负责组织联合招新、星级评价等工作，为社团提供服务支持。

5. 社团在学期末需要参加社团星级评价。社团星级评价的标准每年由社团联合会组织修订，不参加星级评价的社团自动注销。

6. 每学期开学初，社团联合会组织开展社团联合招新活动。这一活动不是"百团大战"，而是合作共赢。

3月15日
外国国家文化日

从格林童话到堂吉诃德，从毛利文化到西部牛仔，从嘻哈说唱到伏尔加河畔的歌声，从玉米王国到枫糖国的手信……外国国家文化日形成了十一学校一道道亮丽的风景线。

2009年1月，借罗马尼亚大使来访的机会，学校举办了首届罗马尼亚文化日。自那时起，学校每学年都会举办七八次外国国家文化日活动，使其成为系列课程，由各个年级承办相应的主题文化活动。目前，学校已举办了近百次外国国家文化日活动。

文化日活动涵盖艺术、体育、技术等学科，由学生主创团队策划、设计具体主题。文化日活动形式丰富多样，从戏剧表演到艺术展览，再到线上知识竞赛，无不体现学生的创意水平与组织能力。

第三届土耳其文化日

2018 年 3 月，初二年级的学生承办了第三届土耳其文化日。他们将主题定为"碧穹之下的神秘摇篮"。

学生们发挥奇思妙想，将现场活动设计成了一场由阿拉伯飞毯触发的土耳其文化探秘之旅。

开始，一张具有"魔力"的阿拉伯飞毯，将现场的观众带到土耳其首都安卡拉。年级舞蹈团的姑娘们用热情奔放的舞蹈，向大家展示土耳其人的自由奔放与热情好客。

◎ 第三届土耳其文化日上热情奔放的舞蹈表演

探秘之旅的第二站是伊斯坦布尔。学生扮演的摊主大爷和美女助手一边介绍土耳其烤肉的独到之处，一边为观众献上特色美食。接下来的民族服装秀上，由年级师生扮演的模特们，身着土耳其特色民族服饰，献上了精彩的表演，引发台下尖叫声不断。

◎第三届土耳其文化日上师生同乐的土耳其民族服装秀

　　飞毯的最后一站降落在蓝色清真寺。王一辰同学作为中英双语"解说员"，为观众们介绍了这座标志性的建筑，以及相关的宗教文化。

　　现场营造了奇幻的穿越氛围，把观众带入对土耳其这个神秘国度的浪漫幻想中。

　　担任此次土耳其文化日现场活动主持的是李楚若和潘正。他们同时也是这场曼妙旅程主创团队的核心成员。

穿越之旅的诞生

外国国家文化日活动全部由学生团队策划、组织。从设计、统筹、编写剧本、招募演员，到排练、制作道具、设计灯光、摄影、设计海报，全部由学生主创团队负责完成。

学期末最后一天，忙了一学期的师生陆续离开校园，远骞楼一层的白盒子教室里，土耳其文化日的主创团队却在商量如何筹备下学期的文化日活动。他们争得面红耳赤：有人觉得对外国文化的理解要有深度，要从历史的角度探究民族文化；有人提出要用热气球作为切入点，这能吸引同学们的眼球；有人觉得活动主题应该小而精，从一个学科的角度展开策划过于宽泛……

学生会主席潘正站出来"主持大局"，带领大家明确了目标："这不是几个人的才艺表演，我们要把它变成浸润式的多元文化理解课堂，让参与活动的人在轻松愉快的氛围中了解土耳其文化。"

心里装着这样的目标，主创团队的成员们在寒假期间一边给自己充电，一边与其他成员在线上沟通想法。

开学前夕，主创团队收获了两个剧本大纲。不幸的是，两个剧本最终还是被大家"扼杀在摇篮里"。理由很犀利：

话题太严肃，没有可挖掘的便于生动呈现的场景，演出来会让大家睡着。

没有主线，像在抄袭春晚小品节目，无法凸显土耳其文化。

…………

在最后一次线上沟通会上，被称为"才女"的李楚若同学提出："能不能来一场说走就走的热气球之旅，以热气球为线索，把目前想到的土耳其文化主题都串起来？咱们刚读了《纳尼亚传奇》，主人公通过魔衣橱进入纳尼亚王国。我们也可以通过热气球，把大家带到模拟的土耳其国家场景中。观众好像在看话剧，又好像身在其中畅游。"

奇妙的想法就这样诞生了，"热气球"最终变成了从天而降的"飞毯"，然后就有了这次令人回味的穿越之旅。

创意层出不穷

目标和形式确定了，主题和线索也统一了，剩下的就是落地实施了。

主创团队明确了两个关键要求：有趣，有意义。要让大家觉得好玩，享受这 90 分钟的穿越之旅，而不是让大家盯着表等待活动结束。同时，这又不仅仅是一场活动，更是多元文化理解课堂，要让大家有收获，不是简简单单图个热闹。

在第一次分工协调会上，文化日指导老师马晓慧提醒："大家想一想，在你们的课堂上，什么样的活动会让你有主动参与的意愿？如何设计才能让你有求知欲？"

王天赜同学提议："我们邀请老师和同学学习跳土耳其特色的舞蹈吧！就让年级舞蹈团的姑娘现场带着大家跳！我代表广大群众表示，太想看朱则光老师在台上旋转了！"

表演组的刘卓尔顺势说："我们烤肉组能不能反串啊？这样能调动现场气氛。"

"潘正假期不是自学了土耳其语吗？可以现场教学吗？"

"服装秀可以邀请老师吗？"

"可以设置舞台分会场吗？"

…………

创意层出不穷，一个一个好提议让大家兴奋不已。最终，我们在活动现场看到了戴着土耳其毡帽旋转的"幸运观众"们；大家品尝到了让人印象深刻的由摊主"大爷"和"美女"助手献上的美味土耳其烤肉和土耳其软糖，还观赏了师生同乐的土耳其民族服装秀。

◎ 第三届土耳其文化日上引发现场爆笑声不断的"土耳其烤肉摊"

◎ 第三届土耳其文化日上的土耳其语现场教学

一场令人难忘的文化之旅落下帷幕后，学生又回到他们熟悉的课堂。

外国国家文化日的举办，无论是对这群 14 岁的中学生主创团队，还是全程参与其中、提供各种支持的指导老师来说，都很有意义。

对学生而言，这是一次多元文化理解的生动课堂。对老师们来说，这既是一次成功的沉浸式教育体验，更是一次教育理念转变的有益探索。

（马晓慧）

" —— 小贴士

1. 外国国家文化日每学年举办七八次，每次主题不同，国家不同。

2. 学校已举办中欧板块、大洋洲板块、东南亚板块、东亚西亚板块、西欧北欧板块、非洲板块、美洲板块近百次活动。

3. 活动由承办年级的学生团队策划、组织，邀请全校师生参与。

4. 活动主题可以从艺术、技术、体育等各种维度选择切入点。

5. 根据活动主题，主创团队可邀请学校艺术学科教师提供指导。

6. 活动形式丰富多样，包括戏剧表演、艺术展览、趣味问答、文化体验活动等。

"

3月18日
开耕日

"开耕啦！"学生欢呼着、跳跃着来到田间。翻地、育苗、浇水，一切农活都新鲜有趣，干起哪个大家都觉得激动人心。

经过 3 个多月的筹备，3 月 18 日，"开心农场"迎来开耕仪式。

当天下午，一群"小农夫"拿着各种农具，赶往菜园参加开耕仪式。学校负责绿化养护工作的张建设师傅身穿迷彩服，肩上扛着一把几乎与人等高的大铁锹，在地里等着同学们。

筹　建

为了让同学们亲身经历劳作过程，多角度体验从耕耘到收获的幸福，十一学校建设了"开心农场"校内劳动实践基地，为学生开辟出一片种植小天地。

农场的建立要归功于一支学生园林维护志愿者团队。此前，他们在张建设师傅的指导下，为校园林木修枝剪叶，培土除虫。他们希望将这段独特的劳动体验分享给更多人，让更多同学体会干农活的快乐。于是，他们向学校提议在校内建设"开心农场"。学校很快采纳了这个建议，并将农场建设列入2021年学校"十事实办"项目。

项目启动后，学校招募了学生团队参与农场的规划与筹建。寒假期间，学校邀请北京农学院专家与学生一起组成联合项目组，开展多次深入研讨，规划农场建设方案。最终，项目组将农场选址在学校操场看台西侧的菜园。

确定农场选址后，学生志愿者团队一边在张师傅的带领下平整土地、筹建农场，一边与老师们探讨、设计运营模式。

这片耕地深深地吸引着学生。他们自发给菜地取了各种各样有趣的名字。先是南侧竖起一个"果稷园"的牌子，随后北侧出现"归园田"和"东篱圃"的牌子，再后来"文川武乡田""生长乐园""品耕园""护发园"的牌子纷纷立起。

学生们争先恐后，或引经据典，或直抒胸臆，争着为自己负责的地块讨个好彩头。还未开耕，学生就开始期待盛夏枝叶繁茂、秋收果实累累。

春 耕

初春天气微寒，但学生热情高涨。春耕的第一项任务是翻地。听着不难，其实其中有不小的学问。只见张师傅将铁锹插入地下，原本平整的土地突然抬起，碎裂成松散的数块泥土。

看完张师傅的示范，同学们兴高采烈地抄起铁锹，赶忙下了第一锹，却发现不管如何发力，锹面始终没能进入土壤多少。张师傅补充道："要注意锹子和地面的角度，至少要插进去 30 厘米。"听了张师傅的讲解，同学们你一铲、我一铲，重新开始铲土。

"用一人高的铲子翻地松土时，我真切地体会到了热火朝天的劳动的感觉。"王梦瑶同学难掩初次体验农场劳动的兴奋，分享道，"在松土时，我居然遇到了一只蚯蚓！没想到在学校里能有这样的田园体验，瞬间感觉农民伯伯的生活离我们如此之近！"

"由于土中有许多杂草，松土时不管我们怎么使劲儿，铁锹都铲不下去。后来在张师傅的提醒下，我们接力将土壤中的杂草翻了出来。一个看似简单的松土过程，其实是一项需要大家团结协作的劳动。"何佳凌同学对翻地感触颇深。

春雨后乍暖还寒，翻地的学生额头上却都渗出密密的汗珠。

翻土完毕，学生按照分组，前往自己负责的种植区，先选择接下来要种植的作物，然后跟着老师学习如何育种。

◎开耕了！

张蕊东同学一直奔波在艺术楼和"开心农场"之间，负责为同学们搬运用于育苗的盆。"虽然辛苦，但我非常开心、快乐，也感到很满足。今天育苗的小辣椒，预计4月底能长成幼苗，然后就可以移栽到地里去啦！"他兴奋地说，"我们承包了这块地，就要细心呵护，认真对待。"

斜阳西下，最后一批育苗组的同学结束了劳作，抱着一排排幼苗，踏过田埂回去了。大家从兴奋中缓过神来，开始思考：这一片农场、这一次开耕对我而言意味着什么？

"在生物老师的指导下，我们育苗的技术逐渐纯熟，对植物的生长习性也有了更多了解。"能将课堂所学付诸实践，董义晖同学心满意足。

刘瑞帆同学感慨道："能有这样的机会，让我们体验耕种的辛劳和喜悦，我很感激。在教室里读了一天书，确实需要这样亲近自然的体验。'开心农场'不仅让我体会到'一粥一饭，当思来之不易'，也锻炼了我的动手能力，让我学到了书本之外鲜活的知识。"

秋 收

九月，"开心农场"的蔬菜成熟了。同学们在课余时间奔赴菜园，洒水除草，修整土地，采摘果实。

有的学生把蔬菜带回家里，用自己种出的有机蔬菜，为父母亲手做了一顿"感恩餐"。

有的学生把收成拿到厨艺教室，做成美食，送到食堂的餐桌上，与同学们分享。

有的学生运用经济学课上学到的知识，将蔬果打包，定价售卖。

◎收获玉米：王梓鉴、李锦泽、朱胜言、林雨瑄、朱佳音、公茂杰老师和徐萌萌（从左到右）

更有学生趁着果实成熟，定制好"采摘券"，通过售卖采摘体验，为秋收创造额外价值。

学校北校区还在十月举办了"红柿节"。在老师的指导下，学生了解了柿子的生长习性，学习高处采摘技术，拿着长杆网布，合作摘下颗颗红柿，然后馈赠师长好友，互致美好祝愿……

从春种到秋收，学生开动脑筋、挥洒汗水，用心经营自己的一方田地。季节在更替，学生在长大。

（朱美硕）

" —小贴士

1. 学校对劳动教育课程进行系统设计，将其打造成集生物、地理、艺术、技术、劳动等于一体的跨学科融合课程。

2. 立足学生生活体验，让劳动真实地发生。

1	2	3	4	5
6	7	8	9	10
11	12		14	15
16	17	18	19	20
21	22	23	24	25
26	27	28	29	30

4月

每学期期中

体育季

四月的一天，走在十一学校的校园里，你的目光或许会被墙上的海报吸引——篮球联赛、足球联赛、街舞大赛、健身挑战赛……课后时间，漫步到操场、球场、体育馆，你会发现到处都有运动员们矫健的身影。

你一定会对这些花样繁多的体育赛事和浓厚的运动氛围感到惊讶，因为现在正值学校的体育季。

我也能成为"体育明星"！

"本届体育季羽毛球单打女生组的冠军是——杨佳炘！"老师的话音刚落，便见一位短发女生激动地冲到场下好友当中，与好友开心地拥抱、击掌。隐约还可以听见"恭喜恭喜！""祝贺你呀！"的欢笑声从人群中传来。

这是十一学校 2021 年体育季羽毛球比赛初中女生组决赛的现场。获得第一名的杨佳炘是初二的学生。她从小喜欢运动，学习了多年武术，课余时间也常出现在学校体育馆、操场和小区的健身场地上。

尽管对体育兴趣浓厚，小学时的她却很少参加学校运动会的比赛项目，大多数时候都只是看台上的观众。她并非不愿参赛，而是没有机会："因为那时候我体育成绩不算特别好，参加那些项目的话，很难给班级争得荣誉，这样会浪费班级宝贵的参赛名额。"

来到十一学校后，杨佳炘惊讶地发现这所学校竟然没有"运动会"，取而代之的是"体育季"。

◎体育季的一场篮球比赛

◎体育季的一场趣味项目比赛

每年春季和秋季，学校都会用三个月左右的时间举办各类体育项目比赛。既有杨佳炘熟悉的田赛、径赛项目，也有拔河、跳绳、两人三足等趣味项目，还有羽毛球、乒乓球、棒垒球、游泳等，甚至还有飞盘、射箭和攀岩比赛！这些比赛分散在每天下午课后时间进行，不设参赛名额限制，所有感兴趣的同学都可以报名参加。

这样的氛围令体育迷杨佳炘跃跃欲试。初一时，她在社团活动中第一次接触飞盘这项运动，玩了几个月后便跟社团好友相约一起参加了飞盘比赛，没想到一举夺魁，着实过了把瘾。如今初二的她在看到"体育季羽毛球比赛"的海报时，心里的小火苗又燃烧起来，毫不犹豫地填写了报名表。

"本来我还有点儿担心，自己只是业余爱好，万一参加比赛遇到高手，岂不很丢脸？……但朋友们一直鼓励我，说一定会去现场给我加油，等着我拿名次。这让我坚定了参赛的决心。"

一路过关斩将收获初中女生组冠军，成为朋友们心中的体育小明星，对杨佳炘来说，是意外惊喜，也是梦想成真，是她这学期"最有成就感的事"。

让体育融入每一天

羽毛球馆内的赛事正在激烈进行，学校足球场上正奔跑着一群健儿——体育季足球联赛小组赛正举行。

高二学生陈大本不仅是参赛队员，更是这届体育季足球赛的总策划。从小踢足球的他，来到十一学校后，每年都会参加体育季足球比赛。起初，这些足球比赛都由学校老师发起，他只是报名参加，大部分比赛都是在同

◎体育季上的一场足球比赛

年级内部进行。升入高中后，他萌发了一个念头，想把各年级的足球赛整合起来，升级为更大规模的全校性赛事。这样，既可以让足球在校园里产生更大的影响力，也能让同学们进行更多跨年级的体育交流。

他把这个想法告诉了几位同样喜欢足球的伙伴，大家一拍即合。于是，他们开始策划新的比赛方案，并进行赛事宣传，还真将全校的足球爱好者吸引了过来，最终共有 10 支球队近 130 人报名参赛。

为了让每支球队有更多参与机会，他们设置了两轮小组赛，还引进了复活赛赛制。10 支球队一共要进行几十场比赛，整整比了一个学期。

陈大本觉得，相比运动会，体育季的比赛项目和赛事设置可以更灵活、更有特色，而且持续时间也更长。"以前参加的运动会只有一天，所以我只期待那一天，所有的兴奋也只有一天。体育季让运动跟学习同步，可以让每一天的学校生活都有体育氛围。"

为自己奔跑，为同伴加油

杨佳炘和陈大本的体验，正是 2012 年十一学校首次举办体育季时希望达到的目标。体育季与传统运动会不同形式的背后，传递出的是对学生成长需求和体育精神的另一种理解：

当大部分学生是活动的旁观者，为自己或许不感兴趣甚至看不清的项目鼓掌助威时，他们的体验与需求得到足够尊重了吗？

当许多同学仅仅将运动会视为不用上课的一天假期时，举办这场活动的目标达到了吗？校园里的体育氛围形成了吗？

当参赛选手的选拔不得不受班级名额限制时，学生能充分领会体育真正的乐趣与价值吗？他们离开学校后还会继续坚持运动吗？

…………

这样的反思催生了由运动会转向体育季的变革。2011 年，校团委和校学生会的同学组成了运动会变革团队。他们调研了大量国内外中学、大学的体育赛事模式，特别借鉴了专业体育联赛的想法，形成了学校首届体育季方案。

当然，变革之初也有质疑的声音。2012 级一位同学在得知秋季运动会不再举办后，在作文中激烈地写道："当赛场上一群陌生人竞逐时，你是否会吼破嗓子为之加油？拼搏奋进的运动员是否还有战意？……奋斗的目标没有了！激励我们坚持下去的动力没有了！"

其实，矛盾背后反映的正是体育季带给学生的成长。

学生特别关心荣誉的归属。有了体育季，他们的荣誉可以属于自我，属于父母，属于同伴，属于喜欢的老师，也可以属于一个教学班，属于一个社团。

他们也逐渐明白了，参加体育运动不应该只是为了给别人看。有同伴支持、鼓励自然是好事，但最终还是应将运动过程视为自我追求、历练人生的一部分。

于是，学校将第二届体育季的主题设为"为自己奔跑，为同伴加油"。通过体育季，学校希望能够让学生进一步接近体育精神并领会体育精神在成长中的意义。

体育季已走过了十年。在这段时光里，我们看到了一个更加生机勃勃的校园，看到了越来越丰富多样的运动形式与比赛项目，也看到了更多的学生在这里找到或许能陪伴自己一生的志趣爱好。

（刘佳琪）

66 —— 小贴士

1. 每年春季学期和秋季学期各举办一次体育季，不同类别的运动项目分散进行，提前公布计划安排，学生自愿报名参加相应的比赛项目。

2. 项目安排上，既有传统的田径项目，也有球类、游泳、体操等；既有个人项目，也有团队竞技项目；既有学校体育老师发起的比赛，也有学生社团等各类学生组织自发策划的比赛。

99

1 2 3 4 5

6 7 8 9 10

11 12  14 15

16 17 18 19 **20**
呼醒日

21 **22** 23 24 25
多元文化理解日

26 27 28 29 30/31

5月20日
唤醒日

2014 年 5 月 20 日，是令王晨瑀难忘的日子。

这一天，在学校艺术楼一层大厅，他举办了一场个人画展，主题是"我的探索"。

王晨瑀怎么都没想到，学校还因此设立了"唤醒日"。于是，一个个学生被唤醒的故事不断发生。

王晨瑀办了一场个人画展

王晨瑀有个爱好，就是画画。但上小学时，老师说他是乱涂乱画，禁止他在美术课以外的时间画画。

"我不理解为什么老师那么讨厌我画画。"王晨瑀记得，一次，某位同学向老师举报他自习课时画画，还得到了奖励。没有老师的鼓励和支持，他觉得很难过。尽管如此，他并没有放弃画画。

高中进入十一学校后，他的导师喻敏老师注意到他对漫画创作的喜爱，便在教室后墙的黑板上开辟出一块区域，专门用来展示他的作品。老师如此支持他画画，让他很意外。王晨珝的心中似乎有什么东西打开了，埋藏在心底的种子，终于有了破土而出的机会。

"我不再羞于创作了，不再羞于向别人展示作品，这对我提高绘画水平起到了非常积极的作用。"回忆起这段经历，王晨珝仍充满感激。

从高二开始，王晨珝觉得自己对很多事渐渐有了看法。于是，他把漫画当作表达自己观点的载体。同时，他立志去艺术学院专攻漫画，为成为了不起的漫画家而努力。

毕业前夕，王晨珝选出一些作品，在 2014 年 5 月 20 日这天，开了一场个人画展。很多学生和老师前来观展，这让王晨珝非常兴奋。

◎ "我的探索"个人画展开幕仪式
（左：王晨珝；右：兰云天）

◎ 王晨珝（前排右一）给同学们签名并赠送漫画集

高中生活结束后，他进入纽约视觉艺术学院漫画系深造。现在，王晨珝是一名自由职业者，专注于热爱的绘画事业。

学校把王晨珝画展开幕的这一天，也就是 5 月 20 日，确定为学校的"唤醒日"。设立这个日子的初衷，是希望学生都能像王晨瑀一样，找到自己的兴趣，充分发掘潜能，早日踏上发现自我、唤醒自我并成为自我的跑道。

在这样的校园文化中，一个个学生被唤醒的故事不断涌现……

那一刻，王涵定下大志愿

高一寒假时，新冠肺炎疫情出现，王涵开始了居家学习的日子。

一天，他坐在钢琴前即兴演奏，突然联想到白衣天使抗击疫情的新闻。他想写首曲子来表达敬意。顺着这个念头，他创作出一首乐曲，命名为《致白衣天使》。

为了将乐曲更好地演奏出来，王涵联系到王泽老师，讲了自己的想法。在沟通中，王泽老师感受到了王涵的创作热情，鼓励他继续完善，并指导他用电脑为乐曲进行配器。

完成作品后，王涵把作品分享到朋友圈。没想到，它得到了很多同学的肯定，好多人想加入进来，用自己的演奏替代电脑合成的声音，从而进一步润色乐曲。

为了让更多人参与，王涵通过微信发布消息，迅速召集到很多感兴趣的同学。录制过程中，无法见面的他们靠着默契和干劲，克服困难，各显神通，用三天时间完成了"云录制"。

王泽老师将王涵他们合作完成的《致白衣天使》发表在自己的公众号上，详细讲述了他们如何通过网络进行录音接龙完成创作的过程。随着乐曲播放量和转发量的不断增加，王涵感到一种从未有过的激动。让他没想到的是，这首曲子还被"海淀教育"公众号转载了。这让他们的作品得到

◎王涵在开学典礼上指挥 BNDS 歌剧社部分成员演奏《六点半的梦想》，演奏者从左至右分别是李田、郝璐瑶、朱婧绮、高小轩、蔡岳罩、楼思涵（未出镜）

更广泛的传播。王涵和小伙伴们从中感受到满满的成就感。

后来，王涵下定决心将来从事音乐创作，并立即行动起来。从为中考、高考创作加油歌曲，到为学校狂欢节创作主题曲，再到完成十一学校专属的颁奖音乐。一次又一次的挑战，让他在专业上不断进步，也让他找到了实现梦想的路径。

陈沐璘和汤维依："我们想开个戏剧社！"

陈沐璘和汤维依选修了一门高端课，是张珊老师的"中国文学传统"。

课上，她们第一次接触了《离骚》。阅读《离骚》时，她们"寻觅"到一个不同的屈原：他是一位爱国诗人，还有一个絮叨的姐姐；他有烦恼，会迷信，但无论经历多少打击，他还是会留在那片生他养他的故土，选择那群他深爱的人。

屈原的爱国情怀感染了这对好朋友，她们想将这份感动传递给更多人。于是，她们决定创作一部话剧《离骚》。

为此，陈沐璘和汤维依查阅了大量资料来了解屈原的生平。在创作剧本的时候，她们遇到了困难：她们最想表现的是屈原选择留在故土的原因，而《离骚》的结尾戛然而止，她们难以根据原诗展现诗人的想法。

怎么办呢？她们再次阅读全文，尝试改编了《离骚》的结尾。在屈原犹豫不决之时，所有角色都上场：大臣们嘲讽他，楚王对他彻底失望，姐姐劝他离开……各种声音汇聚在一起，折磨着屈原。当他的矛盾情绪上升到极点，最终爆发想要离开楚国时，他想起了儿时意气风发的自己。同学们通过大屈原、小屈原的对话，帮助现在的屈原找回本心，最终让他坚定地选择留在故土。

《离骚》剧组的同学们发现，他们越来越接近屈原了。他们尝试用屈原的方式思考、用屈原的方式生活，将自己置身于屈原的困境，体会他内心的纠结。

改编《离骚》的经历，唤醒了陈沐璘和汤维依对戏剧的热爱。她们发现戏剧是一种很有感染力的艺术形式，能够通过台词、动作、舞台设计调动人的各种感官，更好地向观众传达思想。于是，她们一起创办了中文戏剧社——鹿鸣剧社。

经过一学期的努力，她们的社团吸纳了40多位喜欢戏剧的同学。她们两人共同导演了鹿鸣剧社的第一部话剧《暗恋桃花源》。

◎ 戏剧《离骚》剧照
（左：刘斯诺；右：申笑尘）

◎ 话剧《暗恋桃花源》剧照
（左：王钟远；中：施可萱；右：李睿城）

每一个学生都有无限潜能，有的潜能还埋藏得很深。学校开设那么多课程、组织那么多活动，重要功能之一就是帮助学生发现和唤醒他们在某一方面的潜能，找到他们可以伟大的地方，帮助他们走向通往伟大的道路。

（聂　璐）

> **" ——小贴士**
>
> 1. 发现、唤醒和帮助是教育的重要任务，发现学生的潜能比发现学生的问题更加重要。
>
> 2. 唤醒不一定发生在教室里和课堂上，它可以发生在校园生活的方方面面。
>
> 3. 每个老师都应该有唤醒意识，努力给学生装上自我成长的发动机。
>
> **"**

5月22日
多元文化理解日

2009 年 5 月 22 日，学校的留学生与初一学生因为饮水机使用问题发生冲突。直面事情的起因，经过反思，师生在"加强国际理解教育，培养多元文化理解能力"上达成了共识。

于是，5 月 22 日被设为学校的"多元文化理解日"，意外变成了教育契机。

肖九聿同学为多元文化理解日设计了标识。她用象征五大洲的颜色组成了一个世界，美丽的花瓣代表世界多彩的文化和多元的思维；五片花瓣连在一起，表示要互相通融，和平共处；每片花瓣都是一个心形，告诉我们要用广阔和博爱的胸襟，去理解和接纳多元的文化。

十多年过去了，多元文化理解日传递的精神在校园里生根发芽，师生的多元文化理解之

◎ 肖九聿同学设计的多元文化理解日标识

旅也早已不局限在 5 月 22 日这一天，而是通过各种方式深入校园生活的每一天。

校园里的"奥运会"

十年前，为了更好地满足学生的需求，学校将传统运动会改为体育季。此前，学校的秋季运动会也不单单是体育比赛，还是跨文化交流的盛会。

在十一学校首届"奥林匹克运动会"开幕式上，每个班级代表不同的国家。学生身着不同特色的服装，伴随不同风格的音乐，或变换队形，或载歌载舞，尽情展示各国的风土人情和特色。学校变成了一个地球村，一班一国家，一校一世界。

2009 级初一学生刘佳琪至今仍然对那届运动会印象深刻。当时她刚进入学校不久，全班同学都对这种新颖的运动会形式感到十分兴奋。没想到，她们班抽到的国家是没怎么听说过的厄瓜多尔，这让大家傻了眼。全班同学面面相觑，谁也不了解这是一个怎样的国家，甚至不知道它位于哪个洲。

于是，同学们开始恶补相关知识。他们分工合作，有人负责查阅该国历史，有人集中学习当地文化习俗，也有人专门研究这个国家在世界格局中的地位与发展状况。大家在班会上交流各自找到的资料信息，共同探讨如何能在开幕式短短的一分钟内更好地展现这个国家的特色。

"毕业这么多年了，现在大家每次听到'厄瓜多尔'这个名字，心里都还会涌上一股亲切之感。虽然我们都还没有机会亲身探访那个遥远的国家，但觉得跟那里的人民、那里的文化有一种深深的联结。"刘佳琪感慨地回忆道。

◎ 2009 年学校首届"奥林匹克运动会"开幕式上，"厄瓜多尔"在展示

　　除了"奥林匹克运动会"，十一学校还举办过"世界民族运动会"和"五洲城市运动会"。来自各个年级的同学经过充分准备，用服装、道具、音乐、舞蹈、语言等多种方式，在开幕式上展示他们对一种文化的理解。在这样一场活动中，学生收获的不只是运动的激情，更有对世界文化多样性的深刻体会。

校园里的"大使团"

　　在十一学校，有这样一个社团——大使社团。每次举办外事活动前，这个社团的同学会与学校国际交流处的老师一起，提前了解来访嘉宾的文化背景，根据参访需求设计路线，安排校园生活体验，担任活动现场的主持和翻译，自信大方地与各国嘉宾交流。

对大使社团的学生来说，每一次交流都是一次自带动力的学习活动，也是一次真实情境的挑战任务。唐同贺对大使社团的工作提出了自己的看法："我从高一开始加入大使社团，无论线下参访接待还是线上交流，每次参与活动前，都需要借助图书和网络等途径搜集大量资料，做好充分准备。只有这样，才能很好地完成交流活动。"

王铭萱是大使社团的资深成员，老师们提到他就会想起他刚加入社团时青涩、懵懂的样子。第一次主持活动时，他略感紧张，语言和肢体动作都比较拘谨。之后每一次接待活动时，他都坚持做同一个岗位工作，慢慢

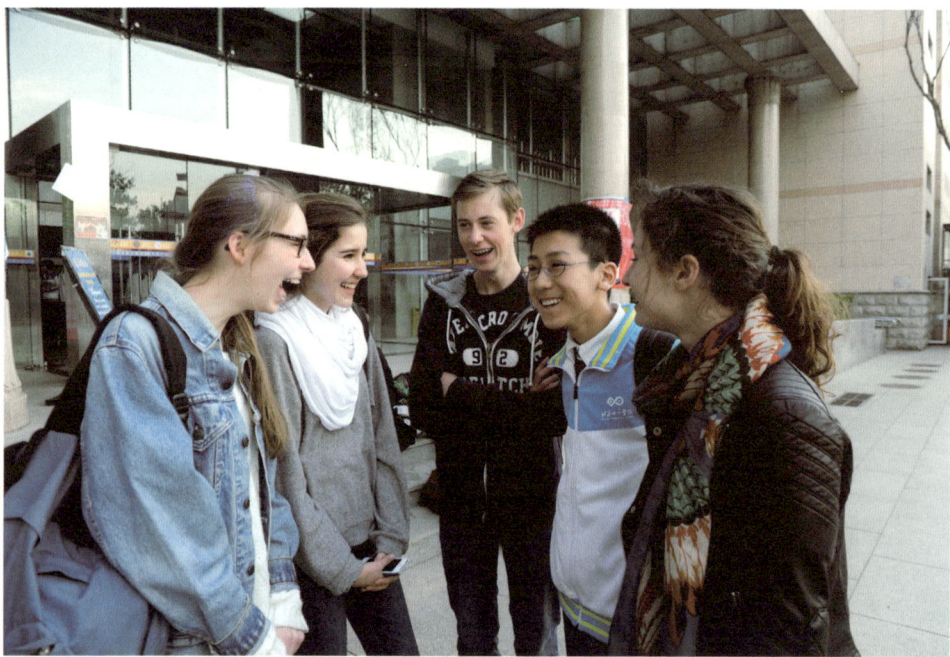

◎学生大使社团成员接待来自友好学校的同学

从陌生走到熟练，从循规蹈矩做到灵活应对；熟悉了一个岗位后再去探索其他领域。他在大使社团中的成长有目共睹。

有一次，王铭萱参与接待日本友好学校来访，按照惯例，同学们早早了解了文化背景，按照对方的风俗文化做好了各方面准备。然而，在就餐环节，他们却遭遇了尴尬的情境。日本的同学说："书本上的许多规范，由于太正式已经过时，在年轻人之间使用还可能会被认为是疏远的表现。"后来，大家通过日本同学的现场演示，了解了更真实的日本餐桌礼仪。

这样的经历在王铭萱的记忆中还有很多。一次次与各国师生深入交流、平等对话的过程，让他看到了更广阔的世界，让原本停留在纸面上的知识变得更有生命力。

来宾们各具特色的文化底蕴和价值观念，让学生大使们得以领略不同文化背景下的学习生活，体验不同思维方式的碰撞，拓宽他们的国际视野，培养他们兼容并包的胸怀。学生大使社团，成为十一学校多元文化交流的一张生动名片，给各国嘉宾留下了深刻印象。

多一种语言，多一扇窗

在十一学校多语种学习与交流中心的走廊里，一张"日语代言人"的海报格外醒目。海报上的主人公赵一青是学校 2019 届高中毕业生，现就读于日本早稻田大学。

初一时，赵一青因为喜爱日本动漫，选了日语课。在日语班上，她遇到了温柔细致的老师与有着同样兴趣爱好的同学。"上日语课、参加'异语风情节'等多语种活动成了我初中时代最难以忘怀的回忆之一。"赵一青在日语课上收获了一份特别的归属感。
升入高中后，她对日语学习和日本社会、
文化产生了愈加浓厚的兴趣，便决定去日
本做一年交换生。

　　在那里，她体验了日本的校园生活，
学习了花道、茶道，用日语与人交流，独
自面对生活中的各种问题……课余时间，
她前往图书馆给幼儿园小朋友开读书会，
为儿童福利机构做街头募捐，还用教室后

◎ 赵一青同学著作书影

面闲置的白板，为对中文感兴趣的日本同学上起了"小青的中文课"，给
同学们做中国文化讲座。回国后，她将自己的留学故事写成了《16岁，
我在日本——小留学生日记》这本书。

　　"这一年的经历至今仍给予我前进的动力。亲身体验到的中日文化差
异带来的冲击，让我决定在早稻田大学深入学习地域文化专业。"赵一青
认真地说，"现在回想起来，这一切的起点，就是我初一那年与日语课的
初次相遇。当初只是想学着玩玩的日语改变了我的人生，带领我去了一个
更加广阔的世界。"

　　像赵一青这样，在十一学校学习外语的同学还有很多。除了日语，
十一学校的多语种学习与交流中心还提供德语、法语、西班牙语、俄语、
韩语等多种语言文化课程和国际交流活动。学校希望能够通过多语言学习
这个纽带，让学生有机会多了解外国语言和文化，以开阔国际视野，提升
多元文化理解力。

　　在学校里，越来越多的学生通过自己喜爱的方式体验和理解多元文化，

传承和发扬中华传统文化。他们走出校园后，必将成为文化交流的使者，以更主动、更开放、更包容的心态走向世界。

（柳　荻）

❝ ——小贴士

1. 2009年至今，十一学校已举行近百次外国国家文化日活动，涉及近30个国家。

2. 每个外国国家文化日活动由一个年级承办，学生团队设计分享方式，策划组织活动，面向全校展示。

3. 每个文化日上会有一位同学作为校长助理致辞。

4. 2012年至今，每学期有300—500位同学选修法语、德语、日语、俄语、西班牙语、韩语等多语种课程。

5. 目前学校在世界范围内有43所友好学校。学校平均每年接待来自20多个国家和地区的友好学校交流团、政府代表团及交流师生300余人。

6. 学生组建的"大使社团"在接待友好学校参访过程中发挥着重要作用，负责设计并组织实施参访期间全部接待活动。

❞

1
or Run 彩色跑
六一儿童节

2

3

4

5

6

7

8

9

10

11

12
同伴关系日

6月

14

15

16

17

18
红窗汇

19

20

21
泼水节

22
毕业季

23
毕业季

24

25

26

27

28

29
学生代表大会

30

6月1日
Color Run 彩色跑

这是一个彩色的日子。

Color Run，意思为"彩色跑"。这项活动是从 2015 年开始的。

活动在儿童节这天进行。师生一同在校园中尽情奔跑，抛撒彩色粉末，享受运动的快乐。

奔跑吧，七彩童年

6 月 1 日下午 4 点，学校的日新广场上，活动志愿者正在布置现场。有的在给合影墙装饰气球，有的在摆放泡泡机、风车等道具，供同学用来拍照打卡。物料分发处，志愿者正在摆放 T 恤、护目镜和彩粉。

下课铃一响，学生陆续从教学楼赶来。很快，日新广场热闹起来。学生们叽叽喳喳聊着天，难掩激动。仔细辨别，人群中正在合影的，除了学生，还有几位老师，他们都是被学生邀请来参加活动的。

"庞老师，一会儿我们可不会手下留情的！"南子皙和张怡然两位同学坏笑着说道。

庞老师是她们的英语老师，平日里和她们打成一片，师生关系非常融洽。因而两位同学一起邀请庞老师来参与活动。

庞老师也不示弱："放马过来吧，我也不会客气的！"

组织"彩色跑"，意在活动过程中加深生生友谊，促进师生关系。活动时，师生身穿白色 T 恤，沿设定的路线奔跑一圈。跑步过程中，大家用可食用的彩色玉米粉相互抛撒，经过色彩站时，还会迎来志愿者们投出的彩色粉末。到终点时，谁的身上最色彩斑斓，谁就是最幸运的人。

◎ 色彩斑斓

一切准备就绪，随着主持人一声令下，老师和学生兴奋地跑起来，相互追赶着抛撒彩粉。有的趁人不备，撒一把彩粉就跑；有的正面迎战，狭路相逢勇者胜。很快，大家身上都沾满了五颜六色的粉末。惊叫声、欢笑声汇聚成快乐的海洋。

特殊的催化剂

人群中，两个女生正在你追我赶，她们是刘玥涵和柴冰妍。她们平时形影不离，这次一起报名参加 Color Run，想要疯狂一把。

别看她们平时柔弱，奔跑起来却像风一样，互不相让。由于彼此非常了解，二人的对战难分伯仲。一会儿工夫，两个人已经全身"挂彩"。

另一边，庞欢老师和南子皙、张怡然两位同学的战况也非常激烈。一开始两个人合伙往庞老师身上撒粉末，庞老师顾此失彼，手忙脚乱。正在张怡然得意时，南子皙趁她不注意，往她身上撒了一大把彩粉。这个突然的进攻让张怡然愣在原地，她万万没想到自己的盟友这么快就倒戈了。就这样，三个人互相抛撒，战成一团，一阵阵彩色烟雾升起。

这些彩色粉末就像催化剂一样，让奔跑者之间发生了奇妙的化学反应。无论是互不认识的同学，还是感情很铁的朋友，抑或关系紧密的师生，都可以在 Color Run 现场展现纯真的一面。这就是 Color Run 的魅力。

◎我们最美！

谁是最幸运的人

跑完整条路线，同学们满头大汗，气喘吁吁地来到终点。看着彼此花花绿绿的"狼狈"样子，大家都开怀大笑。

最后，还有一个彩蛋活动，要评选出"最幸运的人"。那谁是最幸运的人呢？很简单，哪位同学身上色彩最多，最"面目全非"，哪位同学就是最幸运的人。主持人一公布标准，人群中就爆发出阵阵惊呼。紧接着，在簇拥下，几位同学出现在广场中央。他们浑身缤纷多彩，"面目全非"。只见一位男生，满脸都糊着厚厚的彩粉，眼睛都看不见路了。他被大家一致推选为"最幸运的人"。

◎最幸运的人 —— 曹凯淇

　　之后，学生进行跑后狂欢。有的同学拿着棒棒糖、泡泡机等道具拍照，记录下自己缤纷多彩的一刻。有的同学在合影墙上留下大名，写下对未来的祝福和期待。还有的同学用仅存的彩粉，进行最后一波抛撒。那些彩粉早已用完的同学，只能"任人摆布"。

　　刘玥涵身上的白 T 恤早已色彩斑斓，护目镜也跑掉了一个镜腿，勉强挂在鼻梁上，不过她有说有笑地和其他人一起合影留念。因为邀请庞欢老师加入，南子晢、张怡然两位同学更是度过了一段难忘的时光。

奔跑过后，校园披上了绚丽的外衣，空气中弥漫着欢声笑语。这场奔跑无关速度，不分名次，它让十一学子在繁忙的学习生活中，能够和老师、同学一起奔跑，放松身心，分享快乐。

（卓小丹）

66 —小贴士 99

1. 安全第一，严禁烟火。

2. 彩色粉末由可食用的玉米粉制成，对健康无害。

3. 需在足够开阔的室外空间进行。

4. 活动过程中人群不宜过于密集。

5. 需根据场地大小限制奔跑人数和玉米粉总量。

6. 限制报名人数，先到先得。

7. 能邀请教师参与的同学，优先获得活动资格。

8. 发放护目镜、彩粉、白色 T 恤等物资。

9. 活动全程由校学生会同学策划、组织。

10. 活动宗旨是润滑师生关系，促进生生关系。

6月1日
六一儿童节

"同学，你是哪个年级的呀？怎么没穿校服呢？"六月一日清早，校门口负责常规检查的老师一脸疑惑地问一位穿着白大褂的学生。

"我是初一的，我们今天不用穿校服！今天六一儿童节，我们要演戏！"说完，白大褂小男孩略微害羞又难掩自豪地向教学楼奔去。

…………

对初一年级的学生而言，这一天尤其特别。这是他们来到中学的第一个，也是最后一个儿童节。

这样一个值得纪念的日子，初一的学生在学校里，会怎样度过呢？

猜猜这是谁

走进初一年级教学区，楼道里回荡着熟悉的旋律——《童年》《外婆的澎湖湾》《你从未离去》《巴啦啦小魔仙》。这些是儿童节前夕，学生会的同学通过问卷调查，挑选出的最能勾起大家童年回忆的歌曲。

伴着歌声，走廊的公共区域里满是叽叽喳喳的学生。大家对着四块贴满了照片的移动白板热烈讨论。

"这肯定不是马老师。她是双眼皮。这个小不点儿明明是单眼皮。我们得从双眼皮的照片里找。"

"戴墨镜这张一定是赵丁王子。原来他的气质是与生俱来的啊！从小就这么拽！"

"哇，朱老师小时候好可爱啊！真希望他检查我背诵课文时也能这么萌萌哒！"

白板上贴满了老师和学生的童年照，参与活动的同学，如果能够将童年照与现在的本人正确对应起来，就可以兑换儿童节礼品一份。越来越多的同学被吸引过来，大家都想看一看身边的老师和同学小时候的样子。

◎ 聚精会神猜照片的学生

每一次学生活动的策划和实施，学生自主管理学院的主管老师马晓慧都会思考这项活动的目的和意义。她说："这些照片连接起来的不仅是过去和现在，更是在同一个时空里和谐、平等、融洽的生生关系和师生关系。"

看！30 年后的我

　　下午 4：30，远翥楼一层剧场，盛装出席的学生伴着悠扬的歌声登上舞台，他们要将自己的"未来"展现在老师和同学面前。

　　这场"未来预演"来自他们的语文学习经历。

　　在语文学科"人类的星空"单元学习中，学生感知到许多杰出人物的精神品质。带着对名家大师精神品质的赞叹和对美好未来的憧憬，每个学生都完成了一份人生志愿书。他们在上面认真写下自己的人生志愿，勾勒未来的自己。

　　于是，在儿童节这一天，初一的学生们打扮成自己想象中的样子，共赴"30 年后的同学聚会"。这里有未来的记者、医生、画家、老师、科学家、外交官、程序员、宇航员……，一张张稍显稚气的面孔透露着藏不住的自信和坚持。这让我们相信，他们不是穿着大人衣服的小孩子，而是内心坚定、绝不服输的勇敢少年。

　　如今稚嫩的他们，在这场"2051 年的同学聚会"上，已经实现了自己的梦想，在各自的岗位上挥洒智慧与激情，书写着各自人生平凡却不平庸的故事。重返母校后，他们一起感怀成长印记，再叙师生情谊。

　　这样一场丰富多彩的"六一"大戏，全部由初一年级的学生自编、自导、自演。学生筹备组从年级 500 多篇演出脚本中选出 20 多篇优秀者进行整理、汇编与创作，57名演员和10名工作人员团结合作，在一周的排练时间里，不断练习、磨合、修改、完善，努力为大家呈现精彩的演出。

演出开始前，导演张曦文在后台走来走去，紧张得手心直冒汗，时不时向舞台入口处张望。当幕布拉开，聚光灯亮起，她说："台上的同学们是那样的闪亮，仿佛真的是30年后的我们！"

演出结束后，张曦文不由感叹："对《30年后再相聚》这出'六一'大戏，我们认真准备、努力付出。宽敞的大厅装不下我们的深情厚谊，紧闭的门窗关不住我们的欢声笑语。希望30年后，我们真的可以像这样聚在一起，畅谈过去，畅评现在，畅想未来。有了高兴的事儿，有同学与你分享；遇到风风雨雨，有同学与你共同分担。愿我们的明天更加辉煌、更加美好！"

"聚会"虽然结束了，但它带来的温暖和感动将一直停留在学生心中。

◎ "30年后"的同学聚会

时光穿梭明信片

六一这一天，同学们还会收到学生自主管理学院派发的"时光穿梭明信片"。明信片的一面写给童年时期懵懂无忧的自己，另一面写给未来愈加成熟努力的自己。两年后即将毕业离校的他们，还会收到"慢递邮局"派送的明信片。

在写信的那一小段时光里，每个人都仿佛沉浸在时空穿梭的奇妙感觉中。他们静静地为自己书写，并耐心等待未来某一天投递而来的年少心愿。

张恩鑫接过明信片，仔细读着上面的文字，若有所思。

沈翛然平日就爱记录自己的心情和感悟。一拿到明信片，她就迫不及待地开始书写。

初中楼404教室的留言白板上还出现了这样一段话："写给未来的我和你，是最后一个儿童节最让人感动的仪式。"

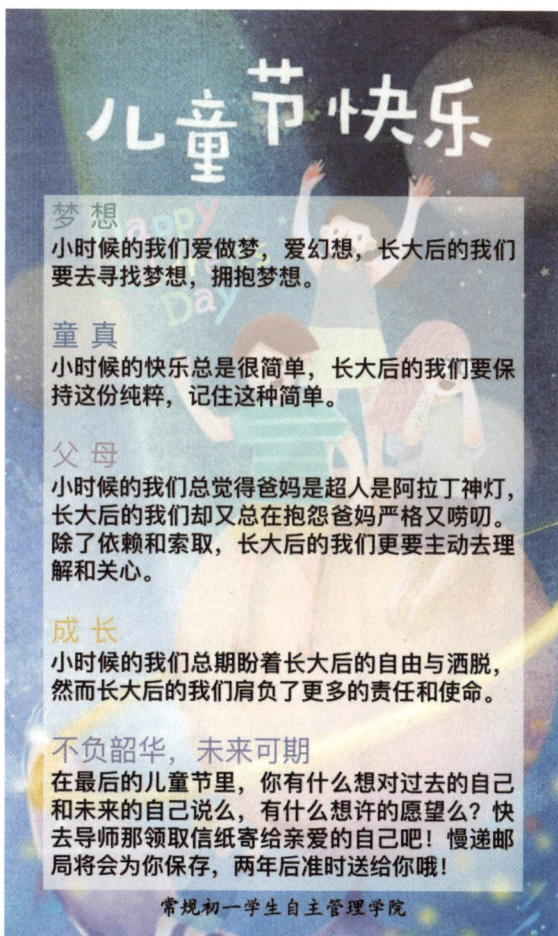

儿童节快乐

梦想
小时候的我们爱做梦，爱幻想，长大后的我们要去寻找梦想，拥抱梦想。

童真
小时候的快乐总是很简单，长大后的我们要保持这份纯粹，记住这种简单。

父母
小时候的我们总觉得爸妈是超人是阿拉丁神灯，长大后的我们却又总在抱怨爸妈严格又唠叨。除了依赖和索取，长大后的我们更要主动去理解和关心。

成长
小时候的我们总期盼着长大后的自由与洒脱，然而长大后的我们肩负了更多的责任和使命。

不负韶华，未来可期
在最后的儿童节里，你有什么想对过去的自己和未来的自己说么，有什么想许的愿望么？快去导师那领取信纸寄给亲爱的自己吧！慢递邮局将会为你保存，两年后准时送给你哦！

常规初一学生自主管理学院

◎ "慢递邮局"活动海报（原图如此）

童年弥足珍贵。老师们希望通过儿童节营造的仪式感，让学生在这一天尽情享受孩童时期的纯真、好奇、快乐。老师们也更加期待，从这一天开始，学生踏上新的征程，能成长为勇敢追梦的大人！

（马晓慧）

> ## 小贴士
>
> 1. 儿童节活动的意义不能止步于"让学生开怀大笑"。每一项活动都应有独特的教育价值，这是活动设计之初就要认真思考的。
>
> 2. "猜猜这是谁"消除了生生之间、师生之间的陌生感，让彼此更加亲近。
>
> 3. 一场"六一"大戏，目的不是学习戏剧知识和表演技能，而是利用戏剧元素，设计各种体验，让每个学生成为心目中的演员，登上属于自己的舞台。学生通过角色扮演、创设情境等戏剧方式，体验树立自信、独立思考、自我约束、团队合作，以更好的状态迎接机遇和挑战。
>
> 4. 借助"时光穿梭明信片"，让学生树立初中阶段的目标。

6月12日
同伴关系日

对每个学生而言，"定义同伴，寻找同伴"都是重要的课程。

十一学校实行选课走班，一个年级近千名学生组建为几百个教学班。学生的交往范围由过去主要局限于同一个班的同学，扩大到如今跟自己有同一节课的全年级甚至全校的同学。这样，学生在更大范围内，与更多人打交道。他们在更多课程选择中，有机会找到更多有共同爱好的同伴。

我们应该如何帮助学生寻找同伴、引导他们正确处理同伴关系呢？

在校园中寻找同伴

2008年6月12日，2006级的高中同学与校足球队在学校大操场进行课余比赛时，有一名2008级的初中同学穿越操场，结果发生了冲突。其中，一名高年级学生采取了粗暴方式来解决问题。这一事件引发了全校师生的反思。大家认为应该采取一些行动，让学长能够关爱和帮助学弟学妹，同时也让学弟学妹学习怎样与学长交往。

由此，6月12日被确定为十一学校的"同伴关系日"。每一年的这一天，学校都会组织活动。希望这个日子成为一个警示，并倡导一种文化，让学生之间建立起宽容、真诚和友爱的同伴关系。

为了帮助学生寻找同伴，并在健康的同伴关系中成长，学校想了很多办法。

比如，每个年级在制定学年教育主题时，总会将"同伴关系"列在重要位置，并根据本年级学生的特点，设计适合的同伴关系活动课程。

再如，在跨年级开设的戏剧课上，学生分工协作，承担导演、编剧、表演、舞蹈、编舞、舞美、灯光、场务、后期制作等工作，在沟通、合作、交往、协商中发展友谊。

此外，学校大大小小的学生组织和各种校园活动，都增加了学生同伴相处的机会和时间："泼水节"上互相追逐嬉闹的同窗好友、冰球赛场上并肩作战的校队队员、"学长有约"活动中真诚交流的各年级同学……同伴关系日所倡导的"宽容、友爱、互助、进步"已经融入学生校园生活的每一天。

2019届的王诗睿同学为"同伴关系活动 —— 深交一组阳光朋友"设计制作了标识。她认为"带来阳光般温暖的朋友们，是我们成长道路上必不可少的伙伴"。

◎王诗睿同学设计的
"阳光朋友"标识

成长合伙人

2021 年 11 月 11 日，初三年级的学段表彰会上，正在颁发"全能王"这一奖项。当主持人念到"贾齐治"这个名字的时候，台下突然响起了一声激动又兴奋的高呼："贾齐治！"

循着声音，全场的焦点从舞台移动到观众席。原来，高呼"贾齐治"这个名字的，是他的"成长合伙人"——张嘉乐。

两位同学来自同一年级不同导师班，他们的课表没有重合之处，性格也截然不同。贾齐治沉稳内敛，自律性强，待人温和；张嘉乐恰好相反，他开朗好动，思维活跃，所到之处必定嬉笑声不断。

如此大相径庭的两人是怎样产生联系的呢？

原来，两人相识于初一上学期的南京—镇江游学过程中。随着游学途中的活动和交流，志趣相投的他们成了好朋友。虽然性格迥异，但他们都喜欢思考、探究，常常针对学科问题或者社会时事展开讨论。自第二学段起，他们经常在午餐时、放学后，聊天、学习，渐渐变成了无话不谈、互帮互助的朋友。

初二伊始，年级推出了"成长合伙人"活动。听到这个消息，张嘉乐和贾齐治自然而然地成了"成长合伙人"。

在贾齐治看来，别人眼中活蹦乱跳甚至有些聒噪的张嘉乐给自己带来了不小的促进。他说："在学习上，我们互相帮助。我们两个学科优势各不相同，也有各自不同的学习方法和学习经验。比如，相对而言，我英语比较弱，所以平时他会带着我一起读英文原著小说——针对某个章节互相提问，分享阅读感受。就这样，我的阅读能力慢慢提升。没有他的鼓励和带动，我自己是不会主动读原著小说的。"

谈起自己的好伙伴，张嘉乐也觉得在这段友情中收获颇丰。他说："中午，我们两个都没有课的时候就会一起吃午饭。平时我们也会结伴参加学校的各项活动，比如名家大师进校园、学长有约、校园吉尼斯、狂欢节等。我这个人有点儿急躁，看到他这么淡定，我就不好意思再着急了。他像一面镜子，能够照出我身上的不足。"

在校园里，教育的契机随处可见。在设计"成长合伙人"主题活动时，老师通过问卷调查、导师约见等方式收集学生对同伴的认知以及选择同伴的标准。在选择同伴方面，老师提取出"正直、友善、努力进取、阳光向上、一起运动、一起学习"等关键词。了解到张嘉乐和贾齐治的友情后，张恒梅老师表示，何不就以他们作为"成长合伙人"的典型代表，去影响身边更多的学生呢？来自身边的榜样，岂不比道理和数据更有说服力？

后来，年级里涌现出了更多"成长合伙人"：食堂里，随处可见三五成群、有说有笑的好友；放学后的学科教室里，时常可见争得面红耳赤的学习小组；晚自习结束后的操场上，总能看到结伴夜跑的运动合伙人……

来自学长的祝福

这种良好的同伴关系不仅体现在学生的在校时光里，还延伸到毕业后。

2019 年 6 月 7 日，20 多名十一校友自发返回母校，为 2019 届高考生送考。很多校友换上了高中时的校服，安静地聚在学校门口，拉开为考生送考的横幅，默默送上鼓励和祝福。

路凝是这群送考校友中的一员，他说："高考前几天，我们几个同学商量，要回学校给 2019 届高三学生送考。去年高考时的情形和母校给我们的温暖还留在我们的记忆里，我们想通过送考这种方式来表达对母校的感激。7 号那天，我早早地来到十一学校，看见许多同学都穿上了高中时的校服，非常感动。看着一个个学弟学妹走进学校大门，我以'同伴'的身份默默地祝福他们。"

这 20 多位学长，用自己的行动拓展了同伴关系。当范围更广、交往更宽时，学生也可以收获更多成长，汲取更多力量。

学校不仅是传授知识的地方，也是学生寻找友伴、发现自己的地方。他们在学习和活动中自然交流，学会处理矛盾、解决问题。不同个性的学生相聚在一起，学习彼此包容、相互欣赏。

营造和谐的同伴关系，帮助学生满足社交需要，获得心理归属感，同时也让校园变得更加和谐、美好。这正是学校设立"同伴关系日"的初衷。

（马晓慧）

66 小贴士

1. 同伴教育是不可替代的，父母和老师都不能替代同伴的角色。帮助学生结识更多的伙伴，交到更多的朋友，享受与同伴合作的成功和快乐，这是教育的应有之义。

2. 同伴关系活动是一项持续性的教育课程。

3. 各年级根据实际情况，利用年级自主升旗仪式、导师班会、表彰会等具有仪式感的场合，启动同伴关系活动课程，引导学生寻找同伴。

4. 倾听学生的声音，了解学生对同伴的认知以及选择同伴的标准，靠身边榜样的力量影响学生。

99

6月18日
红窗汇

"红窗汇开市啦！"随着一声锣响，望不见尽头的摊位人声鼎沸；操场上，红色的帐篷连成海洋。

◎ 2020年红窗汇室外售卖区

从室内到室外，从教学楼到公共区，到处是学生经营的售卖摊位和拍卖会；从文集、笔记到帆布包、钥匙扣，从校园常见问题咨询到货运服务；……原创商品和服务琳琅满目。这个下午，对校园里的每个人来说，想要守住钱包都不是一件容易的事。

学习的成果能卖钱

"红窗汇"这个名字的灵感源自十一学校的红色建筑。学校每一扇红色的窗户后面，每天都在发生学习的故事，都在生成学习成果。把这些学习成果打造成产品，汇集在一起进行交易就是红窗汇。活动宗旨是分享和传播学习成果，让同学们的学习自带动力。

汇入汹涌的人潮逛起来，你会发现每个摊位都有宝贝。这边摊位上摆着文集、学霸笔记、思维导图等来自课程的产品，那边的同学则把平时各学科有趣的概念用到了充满学科特色的文化衫、书签、帆布包和挂历、台历上面，学科特色鲜明。

焦清泉连续三年以售卖者的身份参与红窗汇。初一时，语文课上正在学习"传统节日"单元，焦清泉和同学一起将传统节日拟人化，以节日的秘密为线索，推出传统节日文化系列小册子，一举夺得销售冠军。

初二红窗汇时恰逢他们学习"山川之美"单元，游学活动也刚刚结束，于是，他们就编写了一本《游学审美手册》。这本手册以游学线路为脉络，收录有关文章，提供配套题目，并添加了游学线路对比等同学们感兴趣的内容，结果大受好评，成为"销量王"。

焦清泉和小伙伴们第三年又做了新的尝试。"我们让深奥的知识变身

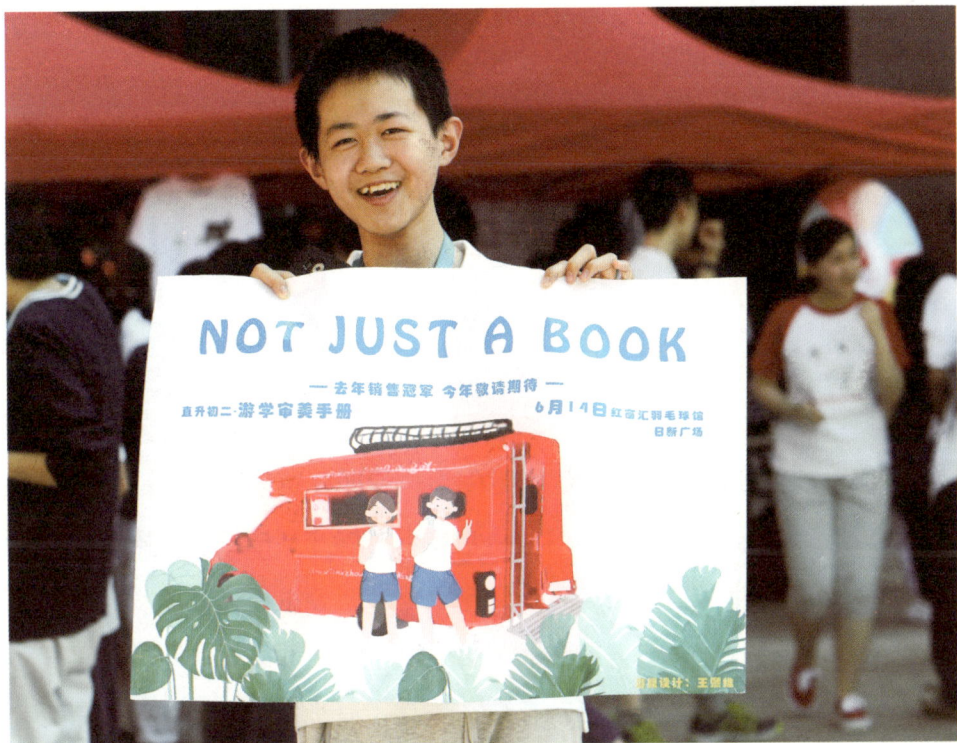

◎冯思朗在红窗汇上为团队的产品《游学审美手册》做宣传

为科普小产品，将生物知识编辑成科普读物，将生物课上画的细胞和细胞器做成文化衫、明信片、卡套……"焦清泉兴致勃勃地说，"在我眼里，红窗汇是个平台，是个打开我们思维，让我们不断创造的平台！可以说，它唤醒了我，让我意识到学习不是单一、无趣的，学习可以从各种角度深入挖掘。"

红窗汇的拍卖会同样精彩纷呈。来自汽车设计、书法、绘画等各类课程的学习成果交相辉映；学生影视基地出品的电影作品，总能掀起拍卖会的高潮；"拍得生态瓶就能与校长一起做一次实验"，学生的推广策略总是充满创意……

这些拍品令人难忘。它们背后是有生命力的课程。这是学习的故事在发生。

红窗汇作为学校大型活动之一，是学习成果展示、交流、分享和变现的平台，是学生从学习中获得成就感和认同感的独特方式。

红窗汇，玩真的

模拟真实的商业环境，是红窗汇作为一门课程的重要价值。

红窗汇中有"工商管理部门"，它负责组织产品申报、审核和摊位分配；有"劳动力市场"，通过人才交流双选会，摊主招募人才，人才寻找"明主"；有"税收"和"补贴"，学生所有收入都需要"纳税"，同时经营者也会享受学校给予的经营补贴；还有"消费者协会"，接受消费者投诉，维护消费者权益。

每年毕业季，高中毕业年级的楼道里会摆满毕业生的各种图书等，学生通过自助售卖或赠送的方式分享高中阶段的学习资料。2020 年，受疫情影响，高中毕业年级无法再通过这种方式进行，于是，校团委招募志愿者，一起整理毕业生留下的图书等资料，等到红窗汇再开市时，进行集中售卖。

怎么操作呢？负责人黄俊尧同学介绍："我们采取线上自主交易、线上直播售卖、线下自助交易三种方式，让毕业生的学习资料借助网络和志愿者实现跨时空的对接。希望毕业生的图书等资料，能够得到最大限度的再利用，让学长的奋斗故事和宝贵经验成为学弟学妹的财富。"

随着技术的发展，红窗汇售卖方式也在不断丰富。从开始时的纸质代金券到便利的线上平台，从仅限于一个下午的当面交易到逐步生发出的"预售""定制""直播带货"等，学生带着红窗汇与时俱进。

红窗汇的公益情怀

楼涵之参与创办了一个环保社团——BNDS Blue Cogiator（北京市十一学校蓝色思考者，"Cogiator"为学生自创词）。这个社团的主要活动是回收校园里的废纸，统一送到再生纸厂家，换取再生纸制作的纸制品。利用红窗汇这个平台，他们售卖再生纸兑换券。通过这种方式，他们让大家意识到身边的纸张其实是宝贵的资源，是可以开发出更多价值的。

Utopia（理想国）是一个艺术设计类社团。这家社团通过在红窗汇上售卖团队的原创作品，为流浪动物基地筹集资金达 12000 元。"刚开始是我一个人在捐，后来有了朋友们的支持，再到成为 Utopia 社长后，大家听说我一直在做这件事，都表示愿意加入。我们希望通过自己的努力，能够为

◎ 2021 年红窗汇上，学生团队现场创作建党百年版画作品

我们喜欢的小动物们做一些力所能及的事情，也希望能够影响更多人，让这个社会变得更好。"孙孚嘉的做法让更多校内公益社团拥有了新思路。

每年红窗汇结束后，都会有大量摊主将收入所得捐赠出来，支持他们关注的公益事业。单是 2020 年的红窗汇就累计捐款超过一万元。这些学生用实际行动告诉我们，他们辛勤创收并不只是为了赚钱，而是为了实现自己的想法，做一些有意义的事。

红窗汇的魅力不止于活动举办的这一天。为了这一个下午，很多学生都会提前不断打磨自己的学习成果，学习在团队合作中解决现实问题，鼓起勇气迎接竞争的挑战。就这样，他们的学习动力被激发，创造的热情被点燃。

（柳 荻）

〞 —小贴士

1. 红窗汇的举办时间是高考后第一个星期五的下午。

2. 红窗汇的产品主要来自课程学习，包括各学科课程和综合实践课程。学生能够通过售卖或拍卖，获得收益。

3. 开锣仪式标志着红窗汇活动开始，应简短而精彩，体现仪式感和参与感。

4. 一定要有拍卖会，借此可以推出具有学科特色的重量级产品，又可以培养学生拍卖师。

5. 学生可以借助校外或线上资源定制产品，但产品应该有来自课程学习的原创因素。

6. 模拟真实的商业环境，包括"工商""税务""消费者协会"等部门，以及由学生参与制定并逐年修订的交易规则。

7. 活动后完成交易情况反馈、产品故事挖掘和公益平台搭建，让学生在参与过程中获得成就感和认同感。

〞

6月21日
泼水节

"何老师，谢谢您！"何永德老师刚回了一句"谢啥"，都还没转过身来，头上便有满满一盆水倾泻而下。刹那间，何老师身旁一片欢腾，他也笑得前仰后合，威胁道："你们等着！"说完，何老师抱起一盆水扎进男生堆，开始反击刚刚偷袭他的学生们。

这一幕发生在十一学校一年一度的泼水节上。泼水节是学生最喜欢的校园活动之一。这样的节日活动，既不需要多少器材，也没有多少要求，组织起来简单，活动起来热闹。正在进行的是2019届高三年级专场，师生用泼水这种特殊的方式表露真情。

疯狂的友谊之水

2019年6月21日，气温32℃。学校的操场上早已支起了四个塑胶蓄水池，每个水池长约5米、宽约3米、深约半米，里面注满了水。

听团委老师说，老师们从上午就开始晒水，水到中午已经变温了。

下午2点，校园里热闹非凡，操场上全是学生。他们端着脸盆，举着可乐瓶和大水瓢，满操场奔跑，追逐着他们的伙伴、他们的老师、他们的校长。每个人脸上都洋溢着幸福的笑容。

只见四名男生默契地架起身旁一名同学，以百米冲刺的速度跑到蓄水池旁，将他扔进了水池中。被扔下水池的学生还没反应过来，就已经浑身湿透。喧哗声、吵闹声、尖叫声瞬间在水池旁炸裂开来。

其他学生也各自拿着"武器"，努力占据水池旁的好位置，将武器迅速灌满水，然后发动下一轮进攻。

这一次应该泼谁呢？高明琨端起水在人群中锁定目标，将水泼向相伴六年的哥们儿；袁雨寒早早定位了好友，直奔他们，将水泼向对方；但更多的人根本没时间仔细考虑，干脆不管是谁，谁在附近就泼谁！当然，这样到处"拉仇恨"的下场也很惨，很可能在某一刻不得不接受好友的"集体回报"。如果遇上了比较勇猛的同学，更要两两跳入水中，近身相搏大战三百回合！

战事相当激烈，有的同学控制不好力度，直接连水带盆一起泼了出去。只见大家的泼水手法越来越娴熟，舀水、泼水，一气呵成。一时间水花四溅、笑声满天。"小心身后！""吃我一泼！""看招！"诸如此类的声音更是遍布操场的每个角落。

李梓铭激动地说："泼水节时，对每个相处多年的好友，一定要用满满一盆水伺候！可惜的是，今天屡次偷袭都失败了，大家背后好像都长了眼睛。"

李泉榕说："最兴奋的莫过于报了上次泼水节未竟之仇！水光朦胧间看到那人好像是了，便穿过人群闪到他身后，若无其事地唤了下姓名。可他再友善的回应，也不会让我怜悯半分，水的速度比他看清我的速度更胜一筹——他的措手不及让我终于忍不住笑得猖狂。'这是来报高一的仇！'面对他的抗议我扔下这句，然后快乐地逃掉。"

◎操场上，如瀑如雨

◎酣战后的合影

师生合力来设计

高三年级的泼水节，是学生毕业前参加的最后一场活动，离别的日子本来很伤感，但学校却把它变成了一个好玩的日子。大家泼出去的水，是祝福，是友谊的传递，是对学校无尽的感激。

学校设立泼水节，是为了用泼水这种方式使大家能更多地接触，由过去有些拘谨的接触转化为开放的亲密接触，以此密切师生关系、生生关系。

如今，每年6月末7月初，各年级都会举行泼水节，用这一欢乐的活动结束一年的学业。这时，学期基本结束，天气适宜，师生思想上也比较放松。为了让大家更好地享受这段时光，每次泼水节，各年级都会成立组委会，师生一同商定周密的方案，严格限定泼水工具和水温，并确保师生在活动后能及时更换衣服。

"和学生一起设计活动的过程，是一次让老师再次发现学生、向学生学习的过程。"第二次参加泼水节组委会的何永德老师感慨地说，"学生很有创意，今年泼水节活动由曾韵韬同学牵头设计。他们在开泼前加入了'猜猜老师是谁'的问答环节，让学生一同回顾发生在老师身上的趣事。这个环节的加入，让毕业前夕的泼水节变得更加特别。"

别样的师生对话

"泼！"只见第一年带高三的朱浩楠老师，被同学们团团围住。他们双手举起盛满水的盆，随着指令向朱老师泼了下来。朱老师老老实实坐在水池里，接受同学们"爱的洗礼"，看起来弱小、可怜又无助。

"别跑！我这盆水泼到谁，谁就能心想事成！"人群中，卓小丹老师追着几个同学跑，眼看就要追不上了，着急地喊了一嗓子。原本还在拼命逃跑的同学，边笑边不由自主地"投降"了，乖乖等着老师的"心想事成水"泼下来。

　　其他参与活动的老师，没有一个不是同学们的围攻对象：一向西装革履的语文老师，头戴泳帽、脚踏拖鞋来到现场，一会儿就被爱徒泼掉了眼镜；数学老师稳据水池一方，两个小盆左右开弓，抡圆胳膊泼出去的水让对面的同学节节败退。

　　操场上，水花飞溅，如瀑如雨，已分不清谁是老师，谁是学生。只听见

◎ "张翼老师，吃我一泼！"

被扔进水池的惊呼声,水花溅在地上的清脆声,偷袭成功或失败的欢笑声……

李梓铭说:"师生之间、同学之间,无论有什么爱恨情仇,都能随着泼出的水而消解。平时难以跨越的身份鸿沟,可以被一瓢水轻而易举地跨越。"

何永德老师说:"两次参加泼水节设计,让我更加理解了这个节日的意义——增进师生关系,体现平等尊重。泼水节对教师而言是幸福的,哪怕被学生一次次泼成落汤鸡也是值得的。"

泼水节,泼出的是水,带来的是亲密的关系、愉悦的情感。它给学生紧张忙碌的学习生活增添了一抹亮丽的颜色,也让他们留下难忘的记忆。

(聂　璐)

❝ ——小贴士

1. 每次泼水节,各年级都会成立组委会,师生一同商定周密的方案,严格限定泼水工具和水温,并确保师生在活动后,能及时更换衣服。

2. 师生动员,全员参与,活动中安全第一。

3. 学生自备泼水用具。可携带小一点儿、不尖锐的盛水器具,如洗脸盆。禁止携带水枪和雨伞。

4. 不穿雨衣,不打伞,男生禁止裸露上身,注意着装。女生应穿颜色适当的服装。

5. 携带毛巾、备用衣物、鞋袜到学校,活动结束后更换,防止感冒。

❞

6月22—23日
毕业季

六月，又到了毕业季节。

操场上，一群同学穿着学校黑红配色的毕业礼服，将毕业帽高高抛起，大喊"毕业快乐"。欢笑声中，毕业季拉开帷幕。

谢谢您，我的超级英雄

高三毕业系列活动中的第一项是由学生精心准备的谢师会。

6月22日13时30分，2021届560名高三毕业生，在学校图书馆报告厅齐聚一堂。今天，十一的学子们，将亲手为他们的老师颁奖。

> 您从唐诗宋词里款款而来，将孔孟礼义浸透入直言义行，将魏晋风骨封锁进举手投足……

永远在考前发"最丰富"的复习材料，不厌其烦批改着"李华"的篇篇奇文……

如三月早春的暖阳，如碳源氮源的培养，是我们的生长因子，更是我们的免疫布防……

……………

自6月10日高考最后一科考试结束铃声响起时，高三的学生就迫不及待投入一场惊喜的策划中。他们要在离校之际，为老师们献上独特的毕业礼物。

策划节目，协调设备，撰写颁奖词，制作礼物……他们自发结成团队，全力以赴打造一场精彩又充满惊喜的晚会，来致敬心中的英雄。

主持人深情朗读一篇篇颁奖词，全场掌声雷动，盛装出席的老师们洋溢着笑容走上舞台。

◎接受学生颁奖的2021届语文组老师（左起：王妍思、葛方圆、刘伟、闫存林、李艳琴、王苗、李志勇、赵楠）

为老师们颁奖的嘉宾是谁呢？原来是与老师们朝夕相处的学生们！同学们按捺不住激动的心情，手持鲜花和精心准备的礼物，快步冲向老师。有人用与老师的合影定制了爱心靠枕，供老师在繁忙工作中小憩时使用；有人为老师画了一幅画像，画出他们美丽、灿烂的笑容……

潘艾凝是一个内向的小姑娘，今天她一改往日的害羞，径直冲到数学老师杨春艳面前，结结实实地抱住了杨老师。

数学一直是她的薄弱学科，整个高三，不知有多少个夜晚，她都坐在高中楼六层的小桌边，和圆锥曲线、立体几何搏斗。她身边始终有一个身影，那就是杨春艳老师。虽然杨老师对她总是很严格，但艾凝深知，杨老师对她的爱，都融化在对每一道题不厌其烦的讲解上、每一次考试失利后的鼓励里、每一个高三夜晚的陪伴中。

把鲜花递给杨老师的那一刻，艾凝哭了。杨老师微笑着，眼中也泛着泪花。

校长竟然叫出了我的名字

6月23日，是十一学校2021届高三年级毕业典礼。"猛志逸四海，骞翮思远翥"的主题，寄托了母校对同学们的祝福与鼓励，期待他们未来能够胸怀猛志，勇往直前。

每一位十一学子的毕业证书，都是由校长亲手颁发的。在这个环节，很多同学惊喜地发现，校长不仅能叫出他们的名字，还能讲出他们在十一的故事。那些社团会议、狂欢节策划、校长有约……原来校长一直在默默见证着他们的成长。

"天哪，校长竟然记得我在狂欢节和成人礼上唱过歌，太开心了！"孟秉楷爱好音乐，活跃在学校的大小舞台上，成人礼上的一曲高歌让人惊艳。可他万万没想到，校长工作如此繁忙，却还记得自己半年前的演唱，他顿时激动起来。

"和许多同学不一样，我从十一毕业后就要去海外读书了。校长笑着跟我说，在国外照顾好自己，继续坚持梦想，有空回母校再唱一曲！"这个大大咧咧的男孩子，激动得快要哭出来。

2021年10月1日，他在微信的朋友圈里写道："在太平洋的另一头，祝我的家生日快乐。离十一有10974公里，但是她一直陪伴在我身边，永远。"

永远是十一的孩子

纵然有再多不舍，也终究到了说再见的时刻。毕业典礼上，有相拥的泪水，也有成长的快乐。这一天，以十一学校在校生的身份参加完最后一场活动后，学生们就各自奔向更大的世界。而无论未来如何，他乡是冷是暖，母校永远在这里，在玉泉路66号，见证他们成长，等待他们回家。

◎ 毕业典礼上丁怡（左二）送给母校的书法作品

　　毕业这一刻的到来，对在校园中走过无数个日夜的学生来说，是令人激动的；对陪伴见证了他们蜕变的老师们来说，是难以割舍的；而对各位家长，更是让他们感慨万千的。

　　"回望过去 18 年，由于工作的关系，我遗憾地错过了女儿很多成长时刻。我参加的第一次家长会，是在十一学校；参加的第一次学校活动，是女儿 18 岁的成人礼。我们不够完美，但始终真心地爱着你们。你们尽管去闯，爸爸妈妈永远是你们坚强的后盾。"严婧涵的父亲在毕业典礼上如是说道，不禁哽咽。这番话代表了家长的心声。家长们将和孩子们的母校一起，守望学子们往更高更远处飞翔。十一的学子们也将带着对玉泉路66 号的美好回忆，开启一段全新的人生征程。

毕业季活动，是十一学子们在母校上的最后的课程。在这里，他们真诚感恩，回望成长之路，带着过往的爱和智慧打点行装。

它教会我如何独立，如何自律，如何理性地权衡各种选择。

它教会我如何谦卑，如何自信，如何在闪耀的人群中发现自己的光芒。

它给予我发声的勇气，它促使我挑战未知。

它教会我如何在面对挫折与成功时都不卑不亢，如何咬紧牙关用最朴素的坚持挺过最难熬的时光。

它从不给我设限，又悄悄引导我成为更好的自己。

它从没将自己的思想强行灌输给我，而我却做了它最忠实的拥护者。

2021届毕业生王思懿，离校之际这样总结。

（葛方圆）

❝ 小贴士

1. 毕业季在高考结束后两周内举行。

2. 谢师会全程由学生策划、组织。

3. 谢师会上，学生不仅对年级学科老师表达感恩，还会邀请学校行政、后勤老师到场，并表达感谢。

4. 毕业典礼上，校长亲手为每位学生颁发毕业证书。

❞

6月29日
学生代表大会

学生代表大会作为十一学校的六大治理主体之一，与学校党组织、教职工代表大会、校务委员会、学术委员会以及家长代表大会，共同构成十一学校的战略高层。

倾听学生的声音，让校园更美好

"126，127，128，129，还需 12 位学生代表，会议才能召开。"

在第 24 届学生代表大会会场入口，学生代表大会主席团成员张潇文正在反复确认到会的学生代表人数。按照《北京市十一学校学生会常委选举办法》文件要求，学生代表到会人数需要达到标准，才可以召开会议，否则会议结果无效。

距离会议开始只剩 5 分钟时，张潇文提议："我们现在分头给未到场的学生代表打电话，确认他们是否可以到会。"几位主席团成员迅速拿起签到表，开始打电话："同学你好，学生代表大会正在远翥楼召开，现在人数不足，无法召开会议，请尽快赶来会场。"

此起彼伏的通话声后，学生代表从各个教学楼赶到会场，签到入座。到会的学生代表人数达到了文件要求，会议得以召开。

◎学生代表大会现场

一个学生代表大会，为什么这么正式严格？

2018 年 4 月 1 日，十一学校召开第 21 届学生代表大会，并进行了校学生会常委的投票选举。当时实到人数没有达标，但大会依然进行了选举。校园新闻社的同学对此提出质疑，反馈到校团委。

第二天，校团委向全校学生发表致歉声明，并决定重新召开学生代表大会。后来，学校将 4 月 2 日设为"全校学生权益日"，以提醒大家牢记"学生权益无小事"。

在十一学校，学生代表大会召开是一件大事。会议从 3 月份开始，到 6 月份闭幕，这期间要完成多项任务，包括学生代表大会文件修订与审议、学生提案讨论与反馈，以及校学生会常委换届选举。

大会首先组建主席团，筹备学生代表大会。主席团成员主要来自三大学生组织，即社团联合会、校团委和校学生会。

然后，根据《北京市十一学校学生会常委候选人标准》《北京市十一学校学生代表大会代表产生办法》，学生自荐或年级推荐产生校学生会常委候选人及学生代表。这些学生代表将投票决定新一届校学生会常委。

为增强学生代表的参与感和责任感，校团委会对学生代表进行培训，指导他们撰写提案，讨论校园中的问题，并形成解决方案。学生的一些优质提案可以直接进入校务会讨论，以便让好的改变更快地发生在校园里。

高一学生郑沛倞、耿晋哲、曾文远同学就曾带着提案走进了校务会。当时他们发现国际篮联将修改篮球场标线，就立马想到学校篮球场标线也需要更新，于是撰写了一份提案，主题是"根据国际篮联新规定修改学校部分篮球场标线"。

在校务会上，郑沛倞谈了自己的想法，并和校务委员们展开了讨论，最终提案顺利通过。

从最初的想法到最后的落实，每一份提案都见证着学生深度参与校园建设。由此，他们也逐渐培养出主人翁精神，用自己的力量推动学校变得越来越好。

部门协同，让提案落地

每年学生代表大会期间，学生代表会提出上百份提案，内容涉及校园建设方方面面，比如，校园基础设施、学生活动、课程设置等。

这些提案由校学生会常委进行分类整理，如果提案具备实施条件，他们会转交相关部门执行；如果提案还需要进一步调研，他们会和相关部门进行沟通。

于是，就有了这样的会面：围绕校园建设改进的议题，学校各部门的主管老师，如医务室李曙光大夫、总务处主任吕沧海老师、学生公寓负责人董秀英老师、食堂主管罗晓棠老师、团委书记柳荻老师、图书馆馆长霍彤老师、课程研究院院长刘伟老师汇聚会议室，和 12 位校学生会常委共同讨论如何让提案落地。

◎各部门负责老师与校学生会常务委员研讨提案

同学们一直关心食堂就餐问题。张轶卓、辛奕萱两位校学生会常委发现，学生代表的很多提案提到食堂人流量过大，占座问题严重。她俩综合学生代表的建议，整理出一些解决方案：把食堂人数显示到屏幕上，鼓励同学们错峰就餐；把桌子排成长列，这样更节省空间；适当增加桌椅，确保同学们可以按时就餐；通过制作宣传漫画、海报倡导大家不占座。

食堂主管罗晓棠老师当即表示这些建议非常好，食堂会马上增加一些吧台座位，以方便同学们快速用餐。对于占座问题，食堂将与教导处协同合作，加强对同学们就餐礼仪的教育。对于实时显示就餐人数，他们会进一步调研，并与信息中心探讨可行性。

校学生会常委林睿负责反馈与教学楼设施相关的提案，她重点提到金磊代表的提案"增加教学楼卫生间无障碍设施"，以保证腿部受伤的同学能在校园内便利生活。

总务处吕沧海主任非常赞同这一提案。很快，他们对全校 4 栋教学楼，共计 40 间卫生间进行了改造，安装马桶、扶手，张贴无障碍卫生间标识。

每年，学生代表会提出很多有意义的方案，学校也积极听取这些建议，不断改进校园建设。比如，2019 年在学生公寓设置健身房，开设高中游学课程；2020 年开设人工智能课程，加装校园 AED，设立服装道具共享中心；2021 年增设室外运动场地照明设施，提升全校卫生间环境标准，引进国际标准化考试……这些都是代表提案后学校积极落实的。

每个提案得到相关部门反馈后，校学生会常委会通过电话或短信等方式，一对一地向学生代表反馈处理意见，并持续跟进处理情况，确保提案落地。学生的参与和监督，使学生的权益能够最大限度地得到保护。

引领学生扩大视野，心系社会

学生代表大会不仅关注校园问题，也鼓励代表们走进社会大课堂，关注时事，为社区、为城市建设建言献策，贡献自己的力量。

十一学校曾有8份学生提案，通过人大代表提交到全国"两会"。

王峻和蔡立德非常关注交通问题。他们发现北京市双安商场附近的三环路非常拥堵，两个出入口距离不过100米，进出三环的车辆在这里形成交叉。

为了解决这个问题，两位同学利用寒假调研了附近的6个路段，采访了很多司机和路人，进行了科学、严谨的调查，提出了《关于改进北京市三环路部分出入口及周边布局的提案》。提案建议对上述6个路段进行改造，分别是双井桥、十里河桥、联想桥、莲花桥、四通桥及紫竹桥，还附上了每个路段的具体情况与改进方案。

李雨晗同学建议设立"中学生政府工作体验团"。方案包括利用周末时间让学生走进政府部门，了解部门职能及工作流程，参加听证会，与政府官员座谈，以及寒暑假到政府部门实习等。以期让学生参与政策的制定，推动社区和周边发展。

下表是8个学生提案的基本情况。

提案题目	提案人	
关于设立"中学生政府工作体验团"的建议	高二	李雨晗
面向全国中小学生设立专属慈善基金，组织、鼓励其慈善公益行为的提案	高二	郑沛凉
	高一	吴振邦
	初三	王　峻
	初三	蔡立德
关于社会各系统、各企事业单位接纳中小学生进行职业体验的提案	高二	景　珊
关于加强校外食品安全管理的提案	初三	王　昊
		赵一飞
关于在大都市进行公用自行车管理的思考和建议 —— 以北京市为例	高一	吴振邦
		崔鹏程
中小学开设正式"传统文化"课程并纳入考核	高二	景　珊
关于改进北京市三环路部分出入口及周边布局的提案	初三	王　峻
		蔡立德
关于改进铁道部工作的几点建议	高二	郑沛凉

　　正如《北京市十一学校行动纲要》中描述的，十一学生应该胸怀天下，勇于承担责任，自觉为国家、为团队、为家庭、为朋友排忧解难。学校也将继续创造适合每一位学生发展的教育，努力让他们成为社会栋梁和民族脊梁。

（卓小丹）

66 —小贴士—

1. 召开学生代表大会是学生体验政治民主生活的大事。借此可以培养学生的公民意识。

2. 学生权益无小事，学生代表大会应公开、公平、公正地开展各项工作。

3. 学生代表大会筹备工作全程由主席团承担。

4. 主席团由社团联合会优秀成员、校团委优秀成员、不参加新一届竞选的校学生会优秀常委、年级学生会优秀代表以及校团委老师共同构成。

5. 学生代表大会主要内容是讨论校园提案与选举新一届校学生会常委。

6. 学生代表、候选人共同参与提案讨论，为校园发展建言献策。

7. 提案的解决和落实需要各支持部门的充分参与和推进。

8. 学生会候选人有一个月的工作体验期。这期间，他们要充分参与提案讨论、活动策划等工作流程。

9. 学生代表大会培养学生平等对话、换位思考、协商与妥协的能力。

10. 坚持活动课程化，在学生代表大会召开过程中应搭建课程化活动，提高学生的参与感、获得感。

11. 疫情期间，需要做好线上召开学生代表大会的预案，用多样化方式推进工作。

12. 为提高学生代表的参与感，可召开学生代表全体见面会，培训提案书写方法，在提案讨论过程中邀请学生代表全程参与，并一对一反馈提案处理结果。

13. 制作学生代表大会周边纪念品，发放给学生代表，评选优秀学生提案，有助于提高学生代表的荣誉感。

99

1	2	3	4	5

6	7		9	10

11	**12**	**13**	14	15
高三入境教育	高三入境教育	高三入境教育

16	17	18	19	20

21	22	23	24	25

26	27	28	29	30/31

7月11—13日
高三入境教育

"俗语有'新官上任三把火'，我听说在十一，升入高三也有'三把火'。"

"是啊，听说要徒步30公里。从学校到天安门才13公里，走个来回还没有这次徒步远，我肯定走不下来……"

临近高三，同学们经常听到入境教育的传说。大家议论着，猜测着，也期待着。传说中的那"三把火"，便是学校为新高三学生备好的第一堂课——入境教育。老师们希望通过三天的活动，让新高三的同学们领会团结合作、学会学习和坚持不懈的重要意义。

合力翻越"成功墙"

7月11日，一个闷热的桑拿天，学生在昌平一家国防教育培训学校集合，合力走桥，牵线垒塔，飞跃断桥……这是入境教育的第一站。

第一天的破冰活动，学校一般与素质拓展团队合作，借助他们的专业素养，使同学们以尽可能快的速度融入新班级，产生凝聚力。

最让人热血沸腾的莫过于翻越"成功墙"了。教练粗犷的鼓励声让同学们斗志昂扬。"十一，加油！"一声大吼，作为底座的同学准备完毕，外圈的人彼此紧贴，高举双手以做保护。

第一个男生冲上去了！底座的同学们喊着号子，由蹲，到站，再到举，每一步都很艰难。冲锋的同学腿蹬紧，手举高，努力向上攀爬。当他终于用手钩住上沿时，全班同学屏住呼吸，凝视着他青筋凸起的手臂。这一刻，时间仿佛静止。只见他奋力一跃，翻过了 4.2 米的直立高墙。

◎合力翻越"成功墙"

墙下一片掌声雷动，他做到了！

一转眼，墙上多出了四五个男生，同学们靠着同伴的肩扛背顶，一个个翻越"成功墙"。等到墙下只剩最后一位同学时，加油声暂停了，大家都为他捏一把汗。最后，当"生死扣"紧紧锁住，欢呼声和呐喊声再次爆发，让人心潮澎湃。

"徒手翻越'成功墙'，我们做到了！"

"我们每个人劲儿往一块儿使，竟真能成功！"

入境教育第一天结束，同学们纷纷在朋友圈表达震撼与感动。有人感到了团结的力量，有人学到了坚持的意义，有人感慨潜能无限，有人记得很燃、很热血……

许坤玥同学说："这个活动给我最大的回味是感动。我感动于那个基座男孩被踩红的双腿，感动于那个拉人的男生汗水滴落在青筋暴起的手臂上，感动于那个担心自己能力却依然挣扎着上去的女生。我无法在一天内记住所有人的名字，却能在看到某个人时，想起他高举的双手和为集体的付出……"

学长传经送宝

第二天，学长们来了。高考刚结束，这些"新鲜出炉"的过来人有一肚子的经验教训，迫不及待地想分享给学弟学妹们。

"去年这时，我就是听了学长的分享，才稳住了慌乱的心。不管是学习方法还是生活习惯，听一听过来人的故事，能让我们少走许多弯路。最近，我复盘了高三生活的方方面面，好的经验、坏的教训我都准备了不少。"2021

届毕业生常成在分享前说道。

为了满足不同学生的需求，入境教育负责人朱美硕老师在设计交流主题时，广泛征集了师生的想法。除了主会场的主题"我的高三"外，还设计了十多个分会场报告主题，包括如何做好规划、如何提升学习效率、如何实现弱科突破、如何调整和管理情绪、如何飞跃200名等，学生可以自由选择感兴趣的主题。

每一场交流会上，学长们八仙过海，各显神通。学弟学妹们听着、记着、问着、思索着，仿佛已经从学长的分享中，看清了高三的模样。困惑与恐惧逐渐消散。

"主会场朱浩楠老师的演讲让我印象深刻。朱老师从疫情防控现状，引导我们思考家国责任，让我们明白选择大学和专业，其实是在选择未来四年光阴的质量，选择自己成长的土壤。这让我一下子明白了努力备考的意义。"雷玉佳同学在分享中说。

"徐奕辰学长分享的'快乐的高三'刷新了我对高三的认知。"吴静涵同学感慨道，"以前觉得高三很压抑，但学长说高三也有很多精彩的活动，如成人礼、谢师会等，这让我对高三有了期待。学长说这一年，要照顾好心情，处理好与家长、老师和同学的关系。还要学会思考，摸索出适合自己的学习方法。这样学习，高三的每一天就都能感受到成长，生活自然充满快乐。"

徒步 30 公里

最后一把火，在入境教育的最后一天点燃。

凌晨 4 点刚过，同学们整装待发。面对徒步 30 公里这个挑战，他们嘴上说着不要，心里却充满期待。

5 点钟，徒步 30 公里正式开始。一支七百人的师生队伍，在北京市延庆区的乡间小道上，沿着起伏蜿蜒的山路绵延开来。

◎开始徒步！

第一个补给站设在 10 公里处，同学们拿走一根香蕉或是揣起一把糖果。甜蜜的糖果让大家忘了疲倦，神清气爽地迈开步子。

20 公里过后，挑战才真正开始。时近中午，阳光炙烤着大地，师生们的衣裤被汗水浸透，持续的行走让人燥热难耐。

23、24、24.5……同学们的步子越来越慢，每一公里都显得分外漫长。

但收容车开过时，没有一个同学上去。大家都在寻找相互鼓劲的方法：有的唱歌，有的玩成语接龙，有的互相搀扶……一个人可以走得很快，但一群人才能走得更远。

新高三年级主任李博华老师，个子很高，一瘸一拐地走在队伍之中，格外显眼。收容车驶来，看着李老师脚踝不适，同学们说："李老师，您上车吧！"但李老师坚决拒绝："我一定要陪大家走完！"

李老师回忆道："前几年的一次入境教育时，周瀚洋老师临时有事，无法陪同学们一起徒步。但那天早上天还没亮，他就一个人走完了全程，还拍了张终点的照片发到群里，说'我已经走完全程，接下来看你们的了'。周老师的学生们看到消息后都备受鼓舞。周老师能一个人走完全程，我怎么能在最后 500 米放弃呢？"

同学们明白了老师们陪伴行走的意义，更加坚定地向终点走去。

于是，很多同学虽然已经体力透支，脚上也磨出了泡，但仍然互相扶持着，一瘸一拐地坚持走到了终点。有些同学甚至按捺不住兴奋，加速冲向终点。

看似不可能完成的 30 公里徒步，全体高三师生都完成了。当他们在终点的条幅上签下名字时，每个学生的心里都种下了一颗叫作"毅力"的种子。高三生活，好似漫漫长征，但有了自己的坚持与老师、同伴的支持，终能抵达终点。

入境教育在高三学生的心中燃起奋斗之火，他们将带着满满的收获开启人生中特别的一年。

（朱美硕）

66 —小贴士—

1. 入境教育活动中，与学长面对面交流是学生们很期待的一个环节。在设计交流话题时，要提前组织老师和学生代表座谈，头脑风暴出"最想听学长分享的话题单"。活动前，向全体高三学生发放问卷，每人选择最感兴趣的2—3个话题。再根据学生报名人数，按话题组织多个分会场，并邀请相关领域表现出色的学长，更有针对性地与新高三同学交流。

2. 分享会最好能与交流会相结合。听完学长的分享，学生心中会有很多想法或疑问。应适时组织班级交流，从而促进学生复盘所得、研讨做法、付诸行动。

3. 在三天活动中建议穿插一场联欢会，以活跃气氛，增强年级凝聚力。

99

1
开学典礼

2

3

4

5

6

7

8

9

10
感恩日

11

12

9月

14

15

16

17

18

19

20

21

22

23

24

25

26

27

28

29

30

9月1日
开学典礼

2020 年 9 月 1 日早上，十一学校的师生伴着轻快的音乐声陆续步入操场，在人群中找到许久未见的好友们，兴致勃勃地讨论着刚刚过去的假期生活和即将开启的崭新学年。

8 点 15 分，随着操场东侧舞台大屏幕上新生入场欢迎短片的播放，初一和高一年级的新生牵着学校吉祥物"龙娃"的手，在学长和老师们的

◎ 2020 年开学
典礼新生入场

欢迎声中，一起走上铺设在操场正中的长长红毯。摇臂摄像机记录下他们或兴奋或腼腆的模样。

那一刻，难以忘怀

当激情四射的电声乐响起时，整座校园瞬间被点燃，所有人的目光都聚焦在舞台上。年轻的歌手、吉他手、贝斯手和鼓手闪亮登场——嗬，俨然是老牌乐队的架势！师生们受到热情感染，踏着节奏挥舞手臂，与他们一同歌唱。

◎ 2020 年开学典礼上学生乐队的开场表演（从左至右分别为：薛冬朗、安宇轩、张胤哲、侯昕呈、王鼎、王栩成）

八点半，学生主持人沈思竹、吴州童、徐乐曈、邢梦瑜郑重宣布，新学年开学典礼正式开始。今年的主题是"壮志凌云，与国同心"。

> 武汉是一座英雄的城市，其实并不是城市里有无数个英雄，而是每一个普通人在那段不平凡的日子里做了分内的事情，使这座城市呈现英雄的模样。我有幸见证了千万个普通人在疫情面前展现出的人性光辉。

学校 1988 届校友罗宇罡是纪录片《在武汉》摄制团队的成员，也是这次开学典礼的特邀嘉宾之一。他深情地回忆了武汉封城期间的所见所闻，这让同学们无比动容。这段演讲词后来也被许多同学在作文中引用。

学校的开学典礼只有 30 分钟，不设主席台，没有领导讲话，但一定要有对学生心灵的震动。除了精心策划主题及精心确定特邀嘉宾外，开学典礼还特别注重发挥仪式的教育作用——庄严的升旗仪式、隆重的"年度荣誉学生"颁奖仪式、富有创意的"开学铃声"开启仪式，每一个环节都要触动人心。

只有"学生喜欢的形式"才能最大限度发挥出内容的价值，让他们共鸣、共情，难以忘怀。

每个人都是主角

每年开学典礼现场都有这样一幕：全校 4000 多位学生每人手中拿着一本颜色各不相同的小册子，兴奋地在人群中穿梭，走到一位又一位认识的或不认识的同学和老师身边，请他们在自己的小册子上签名留言，写下祝福。

"给我签个名吧！""我也想要一个！""老师，能不能再给我写一句话？"一片热闹中，有人一边签名一边笑道："好像找到了当明星的感觉啊！"

这些小本子是十一学校的"开学护照"，封面一共有六种颜色，设计灵感来自学校的校徽。每种颜色专属于一个年级，初一是"春华绿"，初二是"银鹰灰"，初三是"秋实黄"，高一是"太空蓝"，高二是"大地黑"，高三是"国旗红"。

每年开学典礼上，每位同学都会领到一本开学护照。护照上有开学季任务，完成后就可以获得相应的开学季纪念品。"写下自己新学期的目标与规划""填出校长、年级主任和导师的电话号码""请家长、同学和老师留下签名"……这本薄薄的小册子是新学年开启的象征，有着让师生主动互动的神奇力量，还很有纪念价值。每到毕业季，总能看到毕业生们在朋友圈晒出 6 本颜色各不相同的开学护照。开学护照已成为十一人的独家记忆。

◎学校的开学护照

只有当学生感受到自己在活动中的位置与价值，感受到活动与自己的关系时，活动的教育目标才有可能实现。

道理很简单，但在一场数千位师生同时参加的开学典礼里，有可能让每一个人都真正参与进来吗？为了实现这个目标，除了坚持"开学护照"这一传统做法外，每年的策划团队都会花费许多心思，设计能让学生感到惊喜的互动环节。比如，用大屏幕滚动播放全校学生名字，随机抽取幸运火炬手传递开学火炬；让航模飞机从空中扔下彩球，彩球落到谁的身上谁便上台按响开学铃声；在开学护照上设置刮奖区，刮出开学典礼日期的同学便是今天的幸运儿……这些都让开学典礼成为十一学子津津乐道的难忘回忆，甚至有毕业生仍念念不忘，拜托家人每年 9 月 1 日一定要回学校录下开学典礼的精彩现场。

两个月，200 人，一门课

在这场短短半小时的活动里，处处都是学生的声音与身影。

开场表演的作品是由学生乐队自己编创、演唱的，结合了他们在疫情期间的感受和开学典礼的主题，希望传达"心系祖国，共抗疫情"的心声。

送给陈薇院士的纪念品，是由初二的侯逸坤、贺愈、陈思宇三位同学共同设计制作的。侯逸坤激动地说："在开学典礼上能听到陈薇院士的演讲已经觉得特别振奋，没想到，自己竟然还能亲手制作一件作品送给她！"

同样感到惊喜的还有刘一拓和弥梓睿同学，他们为"共和国勋章"获得者钟南山院士制作了一幅肖像剪纸作品，连同亲手写的邀请信一起寄给了钟南山院士，希望能邀请他出席这次开学典礼。他们的心意与努力获得了回应，钟南山院士录制了一段开学寄语，通过视频表达了对十一学子的祝福与期待。

还有平面设计、导播、翻译、礼仪……

◎ 刘一拓同学为钟南山院士制作的肖像剪纸作品

早在两个多月前，校团委便通过学校公众号和校内海报发布了"开学典礼机会榜"。全校同学自愿报名，根据兴趣和能力组成了策划、主持、现场表演、舞台背景制作、视频拍摄剪辑、技术支持、吉祥物人偶扮演志愿者、国旗方队、嘉宾邀请接待、纪念品设计制作、摄影摄像等十余个团队。来自全校各个年级的近200位学生，在整个暑假中分工协作，共同完成了这样一场值得期待、值得参与、值得记忆的开学典礼。

在这个过程中，学生展现出的能力与责任心常常令人惊讶。开学典礼的许多"经典瞬间"都来自他们的创意，这令校团委的柳获老师十分感慨："孩子们真的有很多奇思妙想。更难能可贵的是，他们会积极想办法将其变为现实，主动去学习需要的知识、技能，齐心协力为一个共同的目标而奋斗。"

开学典礼不仅是一场仪式、一次体验，还是一门课程。这门课程没有专门的任课教师，有的是师生相伴，面对真实任务，携手应对挑战。学生的成长也赋予了开学典礼更为深厚的价值，让这个新学年的开端显得更加精彩、难忘，有意义。

（刘佳琪）

66 —小贴士

1. 开学典礼教育主题要突出，通过具有仪式感的活动为学生成长注入动力。

2. 时长一般控制在 30 分钟内。

3. 要让每个学生都有参与感，具体参与方式每年不一样。

4. 不邀请各级领导，而是邀请某一行业领军人物或优秀校友作为荣誉嘉宾。学生团队全程参与嘉宾接待。嘉宾讲述自己的故事，激励学生在新学期定下更高目标。

5. 校长不在舞台上，而是跟学生一起观礼。

6. 红毯秀、欢迎声、注目礼，是新生入场所受的礼遇。

7. 开场表演是同学们课程学习成果的展示，尤其关注新增课程。

8. 开学护照是学校开学典礼的传统项目。

9. 开学典礼上的升旗仪式，由起始年级推荐的四位优秀同学担任出旗手。四位同学或在某个领域有专长，或在某一方面为社会做出了自己的贡献，可以成为学生身边的榜样。

10. 开学典礼的一项重头戏是表彰"年度荣誉学生"。揭晓"年度荣誉学生"的方式要充满创意和惊喜。

11. 开学典礼的最后环节是奏响开学铃声。每年开学铃声的响起方式都力求出人意料，充满仪式感，师生共同参与。

9月10日
感恩日

在十一学校，9 月 10 日既是教师节，也是感恩日。在这一天，学生通过各种形式，唤醒与老师的美好记忆，抒发对老师的感恩之情。

非正式表扬

这一天，学校通常不组织任何正式的表彰活动，但校园各处却充满了学生用心设计的"非正式表扬"。

学校大门口，老师一到校，就会收到校学生会同学送上的"小惊喜"。

课间，老师会收到学生手写的感恩日卡片、亲手制作的小礼物、亲自种植的小盆栽。

有些老师的办公桌上还会出现一些匿名的感恩信，那是害羞的同学送来的。

◎学生会主席王龑给曾弈亮老师送上清晨的惊喜

◎感恩速递

　　此外，各年级学生会都会组织一些活动，为学生提供表达感恩的机会。闫安同学就在年级的"感恩速递"活动中，为他敬爱的张兆利老师书写了一张情意满满的感恩卡。

　　致笑口常开的您：

　　　　您是数学老师中的相声大师，让学习充满欢乐。

　　　　您是心理辅导师，循循善诱、耐心引导每一位同学。

　　　　您是工程修理小能手，一把螺丝刀给予储物柜生命。

您是时间管理达人，让我记住了名言"今日事，今日毕"。

感谢您为我们辛勤地付出。在教师节来临之际，我代表导师班的23名同学，对您说："我的导师，您辛苦了！祝您天天快乐！"

——闫安

像闫安一样，同学们或录制小视频，或写下一句句滚烫的话语，来表达心中的感谢。初二年级的同学们，还为老师们策划了一场特别的颁奖典礼。

学校艺术楼前的空地上，铺着一条红毯。16:15下课铃声一响，同学们迅速站在红毯两侧，满脸期待地边鼓掌边看向艺术楼的大门。

今天的主角入场了！只见年级21位老师高举着五颜六色的气球，满面笑容，迈着轻盈的步伐依次走上红毯，迎接同学们的欢呼与掌声。

这个颁奖仪式有一个特殊环节：主持人念出奖项，由在场同学来猜哪位老师获奖。首先颁发的是"最佳歌手奖"。主持人刚念出奖项名称，同学们就异口同声地喊道"张浩老师"。原来张老师在全校开学典礼上演唱了《六点半的梦想》，一曲惊人，让大家印象深刻。第二个奖项是"哲学大师奖"。主持人一说完，高广博祺就猜到了。这是他的英语老师石绍湘，因为石老师经常给同学们讲授哲学知识。

第20个奖项"最强大脑奖"非潘诗姮老师莫属，因为她能在很短时间内记住全班同学的名字。第21个奖项"有求必应奖"花落谁家？同学们大声叫出教务员老师的名字"宋蕊"。不管同学们遇到什么问题，她总会及时出现，解决他们的燃眉之急。

年级21位老师都获得了独一无二的奖项。大家激动地和证书合影留念，不少老师还把这份特殊的荣誉晒在微信朋友圈里。学生的用心设计，给老师带来了巨大的力量。

除了敬爱的老师们，还有一群人，也在感恩日这一天收到了学生们的神秘礼物。他们是学校后勤和负责各方面保障的老师。

平日里，保洁员从空间清洁到环境消杀，一丝不苟地为同学们打造舒心的学习环境；医务室大夫总能在第一时间，为同学们处理运动损伤和头疼脑热，让大家安心学习；保安们修炼一身武艺，24小时在岗，不放过任何一处隐患，尽心守卫校园安全……

为了感谢老师们的辛苦付出，又恰逢中秋节，同学们在厨艺课上，精心制作了感恩月饼。浓浓的情谊揉在面团里、压入模具中、放进烤箱里，化作一枚枚精致的月饼。同学们走遍校园，将一枚枚月饼亲手送到这些老师手中，为他们送上一份满满的谢意和祝福！

回　家

感恩日 16：15，刘英老师正忙着答疑，给这个学生讲讲英语难点，再和那个学生聊聊烦心事。

"刘老师，我的单词需要复测吗？"循着声音，刘老师抬头一看。她先是一愣，马上嘴角上扬："马俊，你回来啦！"说着，刘老师张开手臂，给了马俊一个大大的拥抱。

马俊是学校 2019 届毕业生，现就读于清华大学。当年，马俊所在的英语班成绩非常好，可她的英语成绩一直不理想。她坚持每天下午来刘老师的学科教室朗读课文，背诵单词。同时，刘老师也会帮助她制订英语学习计划。

慢慢地，马俊的英语成绩有了明显提升。在马俊心中，刘老师是她的恩师，给了她非常大的帮助，被她亲切地称为"刘妈妈"。看着刘老师忙碌的样子，马俊主动提出帮忙，给她的学弟学妹们支支招。

每年感恩日，很多毕业生都会回到玉泉路 66 号这个温暖的家，见一见恩师。

这一天，总少不了毕业生和恩师共进午餐的画面。几个毕业生，穿着十一校服，相约回母校，和老师叙叙旧，让老师请他们在教工食堂"撮一顿"，再尝尝十一的味道。

有的毕业生回来时，碰巧老师在开会，没能见上面。他们便在老师的桌上留下字条，道出思念和感谢。

还有的毕业生，在教室苦等两个多小时，只为见上恩师一面，这着实让老师惊喜和感动。

但凡有毕业生回来，跟老师回忆学校生活，畅谈大学生活，或者做一些力所能及的事情，都能让老师们笑到合不拢嘴，欣慰不已。

◎ 肖楚玥（左一）、马俊（右二）、李沐晨（右一）回校园看望刘英老师（左二）

归 来

除了毕业生回校看望老师，2021年十一学校还迎来几位毕业生归来工作。在感恩日这一天，他们和学弟学妹们分享了回十一工作的感受。

李幸雪，2014届毕业生，现任高一学部语文老师。她分享道："从学生到老师，不仅意味着角色与视角的转变，更践行着对爱的理解与传承。学生时代，十一的老师们以无私的爱点亮了我们的青春梦想，助我们备好精神食粮，送我们外出闯荡。学成归来，初为人师的我们也学着恩师的样子，拿起爱的接力棒，光荣地成为学弟学妹们的青春守护者与引路人。'以一灯传诸灯，终至万灯皆明。'这是教育的理想，也是爱的力量。"

魏心颖，2014届毕业生，现任校团委老师、高一学部英语老师。她分享道："十一造就了现在的我，所以我回来了。回到熟悉的校园，筹备熟悉的活动，参加熟悉的课程。只是现在，以不一样的视角去体验，又有不一样的收获。曾经的校团委学生委员，如今已成长为团委老师。曾经坐在教室里听课的英语小白，如今成为当年英语老师的徒弟。这些都是我莫大的荣幸。感谢所有帮助我成长的老师们，未来，我希望也能够像他们一样，为新一代十一人的成长加油助力。"

这些毕业生用归来工作的实际行动来实现感恩和反哺，诠释着"长大后，我就成了你"，成为十一感恩精神的优秀代表。

学校希望每一位学生能够拥有感恩之心。别人的帮助能让我们获取幸福，而帮助他人能让我们传递幸福。每一个十一学子应该懂得随时回报他人，并以感恩的态度回报社会。

懂得感恩的十一学生，将是幸福的。而十一的老师，因为有这样懂得感恩的学生而更幸福。

（卓小丹）

66 ——小贴士

1. "拥有感恩之心"，作为十一学生追求的一个重要品质，被写入《北京市十一学校行动纲要》。

2. "在学生未来对社会的贡献里发现自己的人生价值，在学生今日之爱戴与未来的回忆中，享受富有乐趣的教育人生。"这是十一老师的职业定位。

3. 感恩日，作为十一学校的校园文化日，意义重大。

4. 感恩的对象不仅可以是老师，还可以是家长和同学。

5. 感恩日可以增加老师的职业幸福感。

6. 校学生会会在校园里组织感恩日主题活动，营造节日氛围。

7. 各年级学生会也会组织感恩日主题活动，帮助同学们表达感恩之情。

8. 教师食堂里也有相关主题美食，让老师们感受到节日的气氛。

9. 感恩日下午有的学生会回小学看望恩师。

10. 从清晨入校、中午午餐到下午学生活动时间，都要让老师有感动点。

1　2　3　4　5

6　7　8

9
校园歌手大赛与
66 号音乐节

10　

12
道歉日

10月

14　15

16　17　18　19　20

21　22　23　24　25

26　27　28　29　30/31

10月9日
校园歌手大赛与66号音乐节

9月，校园歌手大赛开幕。经过网络海选、初赛、复赛、半决赛四轮角逐，10月，66号音乐节暨校园歌手大赛决赛拉开帷幕。十一学校操场上，爱好歌唱的同学们将演绎一场精彩绝伦的音乐秀。

我想成为他！

"马青杨！马青杨！……"远翥楼一层剧场里回荡着阵阵欢呼声。整个剧场座无虚席，过道上也坐满了人。大家的目光都投向舞台上这个男孩。壮实的身板儿，短短的寸头，身穿篮球短裤，脚踩一双篮球鞋。一束灯光亮起，他站在中央，气场全开，开始用音乐唱出他的人生态度。

一首《英雄》演唱结束，马青杨以大众评审 77.5% 的支持率，获得 2021 年校园歌手大赛初赛第三名的好成绩。

台上一分钟，台下十年功。马青杨几乎每天晚自习结束，都待在图书

◎在66号音乐节上表演的马青杨

馆报告厅，一遍遍地练习这首歌，直到保安来锁门。今年初三的他，本应非常忙碌，实在"不应该"把宝贵的时间花在这件事上。但他不想初三只围着成绩转，还想留下更多美好的回忆。

去年的66号音乐节上，马青杨听到一位学长唱了《北京残阳》，这让在北京长大的他深受感动。他心想："我要是能像他一样，在这个舞台上唱这首歌就好了。"从那时起，他开始有意识地听说唱歌曲，闲来无事也哼上几句。

念念不忘，必有回响。今年，歌手大赛的海选公告刚发出，马青杨就报名了。他一路披荆斩棘，不断提升自己，成功挺进半决赛。

当有学生媒体采访马青杨时，他回味说："很高兴能在初三这一年，给十一留下我的歌。希望每个人都能做自己的英雄（他的初赛曲目是《英雄》），在飘向北方（他的复赛曲目是《飘向北方》）的路途中，和自己较着劲（他的半决赛曲目是《较劲》），最终看见梦想中美丽的残阳（他的音乐节表演曲目是《北京残阳》）。"

马青杨也像那个学长一样，通过歌唱成为学弟学妹的榜样，激励他们为梦想而努力。

碰撞的火花

半决赛后，在学校练歌房里，同学们和中国男高音歌手、歌剧演员王凯老师围着一张小桌子，边吃盒饭边聊学唱歌的故事。能够与偶像如此近距离地交流，大家非常兴奋。

晚饭后，王凯老师对参赛同学进行了一对一专业指导。

徐鸣演唱了歌剧《艺术家的生涯》的选段《漫步街上》，王凯老师听后提出了改进方法。听完王老师的建议，徐鸣马上做了尝试。趁着王老师指导其他人的间隙，她跑到练歌房外，反复练习。等王老师指导完其他同学，她又找到王老师，想再唱一遍。王老师很受感动，他认真听完徐鸣的演唱，帮她继续完善，还示范了演唱时该如何抓住观众。

徐鸣也提出了一些想法和演唱上的设计，得到了王老师的肯定。在这样的音乐交流、思想碰撞下，徐鸣感觉被点燃了。她不断突破自我，最终获得冠军。

回顾参赛经历，徐鸣觉得最棒的是经过老师的指导实现梦想的过程。她说："我会把这次夺冠当作激励，我会继续在音乐里前进。祝福大家都能在自己热爱的领域里一直走下去！"

校园歌手大赛是一门课程。为了让选手们在参赛过程中展现才华，并在专业技能上有所提升，学校通过校友等邀请了业内大咖给参赛同学做指导。其中有中国国家大剧院歌剧演员王凯老师、中国武警文工团独唱演员霍然老师、国防大学军事文化学院左刚老师等。

这些老师不仅观摩16强选手的每场表演，还在赛后给他们上"大师培训课"，针对每个选手的特点，一对一指导。止步于16强的学生，虽然不能角逐冠军，但也能得到他们的指导，并在66号音乐节上展演节目。

在师生一起排演节目的过程中，这些专业老师和同学之间形成了良性互动，不但碰撞出不少精巧的舞台表演设计，也提升了学生的演唱水平。

整个比赛的赛制，由校学生会常委张梦珊精心设计。在长达一个月的策划过程中，她和主创团队召开了4次会议，讨论大赛的赛制、宣传等工作。最后，他们确定赛制为独唱和双人合唱两种模式。同学们在这一场是对手，而在下一场就可能变成队友。他们会一起选歌、设计舞台效果，还要协调两个人的唱法。在相互碰撞的过程中，大家提升了沟通、合作能力。

这是我们的活动！

9月份的学校剧场格外繁忙。每场比赛前两天，无论中午还是放学后，都能看到选手们在一遍遍地认真排练。为了让选手们在台上绽放光彩，还有一群默默无闻的学生，一直在幕后忙碌，他们是校园歌手大赛的主创团队和志愿者。

歌手大赛全程由校学生会的学生策划并执行,老师只给予必要的支持。这些学生一同讨论大赛主题、设计方案,招募并培训志愿者,与评委沟通比赛事宜,和选手沟通表演细节……在这个过程中,他们的领导能力、沟通能力和执行能力都得到了锻炼和提升。

　　李伟源会时常和选手们沟通演唱时的灯光设计。他拿着笔记本,认真记录每一条要求,力求让舞台的每个细节都变得更完美。金子泰和张梦珊负责帮选手调试麦克风和伴奏音量,他们按照不同选手的特点,为每个人设置不同的参数,并记下使用的麦克风号码。

　　经过多次磨合,最终,主创团队和比赛选手在66号音乐节上配合默契,为十一的同学们呈现了一场高品质的音乐演出。

◎这是我们的活动!

"一年前我还是台下的观众，一年后我竟站在后台。看着台上的表演，心里骄傲地说，这是我们的活动，这就是我们的活动！"音乐节已经过去一段时间了，但校学生会副主席金子泰还清晰地记得那个晚上，"像做梦一样快乐"。

他说："看着朋友圈被音乐节各种照片刷屏，我突然意识到这是我一年前的梦想。之前竞选学生会主席时，我说'很想策划那样一场意义非凡的活动'。当时觉得遥不可及，可一年后，我已经成为策划团队的一分子了。"这些成绩实实在在地给金子泰带来前进的动力。他希望这次音乐节会触动一些人，引起人们的关注，给他们带去动力。

"一定要办成同学们喜欢的音乐节。"在践行过程中，金子泰始终抱着这种心态，勇敢面对所有问题。这种心态也让他更有责任感，用行动担起了大家对这场活动的期待。

又一届歌手大赛落幕了。在我们的眼里，音乐不是重点，学生们才是。我们秉承"处处是课程，时时有课程"的理念，努力给学生创造更多的机会，让他们在不同团队中找到自己的位置，承担责任并收获成长。

（卓小丹）

66 小贴士

1. 歌手大赛全程由校学生会主办，分为海选、初赛、复赛、决赛。

2. 歌手大赛决赛和 66 号音乐节放在同一天，更能吸引学生。

3. 歌手大赛为评价学生"多一把尺子"，让学生在不同的舞台上发光。

4. 歌手大赛是一门课程，是一个歌手诞生的过程，一个主创团队成长的平台。

5. 成功是成功之母。歌手大赛成为很多演唱者的高光时刻，我们期待学生用成功酿造自信与更大的成功。

6. 既有个人赛，也有小组赛，意在培养学生的合作和竞争精神。

7. 学校通过校友、家长邀请业界专业人士对歌手进行培训。

8. 要谨防"饭圈文化"。

9. 66 号音乐节一般安排在晚上，这样更有晚会的氛围。

10. 学生在操场上席地而坐，充分参与音乐节。

10月12日
道歉日

2018 年 10 月 12 日，学校的公众号"方圆十一"刊登了几十条公开道歉信息。

我想对尿床的猫咪说一声"对不起"！曾经因为尿床狠狠地揍了它。

对不起 ×××（我的知己）。我总是不守时，约好的点儿总是晚几分钟到十几分钟不等。我知道这样很不成熟：说大点儿没有大局观，不顾及别人感受；说小点儿就是我这个好朋友当得太不地道了。所以我以后一定改。对不起！

我想对周老师说"对不起"！我经常不能理解您的感受，脾气不好地和您说话。其实我知道您是为了我们好，我这样说话您也会伤心。以后我会注意我的态度的。

每次听你大声地责怪大人们为什么不能痛快地说一声"对不起"时，我们的内心真的非常惶恐。你不知道，其实，我们早就明白自己错了，可是做父母的总得要面子不是？就是因为面子问题，我们一直欠你一个道歉。今天我们想正式对你说一声"对不起"！儿子，以后我们也尽量改正！不到之处，请你尽量多包涵，因为你是第一次做我们的孩子，我们也是第一次做父母。

爸爸妈妈，对不起，因为选专业跟你们吵架。

对不起过去的自己。以前不知道努力的重要性，因此错过了很多机会。希望高中时努力还不晚！

…………

为什么大家都在说"对不起"？原来，这一天是学校的道歉日。

写下一封道歉信

一周前，学生策划团队就面向全校师生征集道歉留言，并决定于10月12日当天通过多种宣传渠道播放。

为什么是10月12日？学校学生公寓南侧有一块"道歉石"，上面记录了其中缘由：

2011 年 10 月 11 日，学校购得九棵大树，为抢时间，总务处安排工人连夜栽种，致使住在公寓南侧的同学休息受到影响。第二天，即 2011 年 10 月 12 日，总务处向同学们公开道歉。由此，学校将每年的 10 月 12 日定为学校的道歉日，引导老师、学生敢于自省，勇于承担，学会表达歉意，沟通你我，实现师生、家校之间良好互助，营造积极、温暖、和谐的校园文化氛围。

由此开始，这个日子成了学校的道歉日。

◎ "道歉石"记载了"道歉树"的故事

2012 年的道歉日这天，校园里出现了一张海报，竟是李希贵校长手写的一封道歉信：

于九舸、刘雨航、杜昕曈、杜哲明、王少琛、王洲、于耀淞、毛佳钰、田雨岚、韩宛谕、孙文轩、高铭诸位同学，你们好！我将于第八、第九周外出，由于没有及时告知大家，这将导致与你们相约的周一午餐失约。为此我深表歉意，并承诺回校后兑现。谢谢。

李希贵

2012 年 10 月 12 日

原来在即将进行的"校长有约"活动中，李校长临时有任务出差，不得不爽约，但报名的学生两周前就规划好了时间。怎么办呢？道歉！看到校长的态度和诚意，学生也表示理解。

对这么一件小事，校长能够记在心里，非常重视，并在全校公开道歉，全体师生都深受教育。

每逢道歉日这一天，老师和学生会在道歉卡上写下自己最诚挚的歉意，通过信使将这些卡片转交给相关的人。

◎ 道歉日海报

◎ 道歉日热缩片

向别人道歉是一种担当，接受别人道歉是一种胸襟。道歉日拉近了生生关系、师生关系、亲子关系，化解了矛盾与隔阂。

说一声道歉，你很勇敢

2021 年 10 月末的一天中午，容光楼 112 教室门口有一个身影在徘徊，一会儿歪着脑袋看一眼教室里的情形，一会儿装作不经意地经过教室门口向室内瞥一眼。等到教室里的学生都离开后，他终于鼓起勇气，小心翼翼地走进教室，轻轻地关上门。

这个看起来有点儿扭捏的学生叫张锐恒。平日里他爱说爱笑，见到老师、同学都会热情地打招呼。这一天的他不同于以往。

张锐恒走到马晓慧老师身边，低着头，微耸着肩，小声说："马老师，我想跟您道个歉。我这一周在您教室门口转了好几圈了，一直没敢进来。"边说边不好意思地扶了扶眼镜。

马老师疑惑地问起原因。原来，张锐恒曾在初二时因为午间违反了常规要求被马老师批评，心中不悦，过后跟其他同学表达过对老师的不满。升入初三后，因为又跟马老师上英语听力课，张锐恒回想起曾经在背后议论老师，心里总不是个滋味。

"马老师，上周听力课我迟到了，又打不开电脑的链接，您安慰我别着急，耐心地帮我操作。我当时脸都红了，觉得之前在背后说您太不应该了。我觉得不跟您亲自道歉，就过不去自己心里那道坎儿，每次见到您都不敢面对。"

听完这番话，马老师也很感动，拥抱了一下张锐恒，在他的肩膀上轻轻拍了两下："好了，这个拥抱代表我接受你的道歉啦！勇于道歉说明你有勇气，有担当，给你点个赞！"

◎ 2021 年道歉日这一天，在"道歉"相框中合影留念的同学们

勇于道歉其实是一种能力

道歉日的设立，为师生提供了表达歉意的契机。

在十一学校，我们常常会听到"对不起"三个字。走廊里抱着书、急匆匆赶着上下一节课的同学撞个满怀，双方都赶忙向对方道歉；球场上打球时不小心撞倒同伴，主动拉起对方并表达歉意；校园里发生冲突的同学，冷静之后，双方会主动握手言和，有的还建立起"不打不相识"的友谊。

"克己让人。具有良好的沟通能力，坚持平等对话，学会换位思考，培养协商与妥协的能力。"这是学校行动纲要中有关学生行为的一条准则。

道歉日等一系列校园文化日的设立，都蕴含学校的培养目标与教育理念。对校园生活中的普通事件进行捕捉、挖掘和升华，将其转变为教育契机，在校园里营造出一种氛围，这润物细无声地影响着学生。

一年又一年的"道歉日"活动，引导每一名学生对自己的言行负责，直面错误，成长为更加勇敢的人！

（马晓慧）

❝ —小贴士—

1. 道歉是人际交往的有效策略。道歉日让师生学会反思，涵养直面内心的勇气，以成就更好的自己。

2. 十一校园里发生过很多跟道歉有关的故事。

3. 活动形式多样，有快递道歉卡、语音道歉、VR 道歉等。

4. 制作道歉日标识，传递并延续道歉文化。

❞

1
黄辰亮日

2

3

4

5

6

7

8

9

10

11

12

14

15

16

17

18

19

20

21

22

23

24

25

26

27

28

29

30

11月1日
黄辰亮日

2008年10月，一份议案被提交到校务委员会并顺利通过，学校将11月1日命名为"黄辰亮日"。于是，十一学校拥有了第一个以学生名字命名的校园文化日。

为什么是他

黄辰亮，十一学校2007届毕业生，第十届国际天文奥林匹克竞赛金牌获得者，为我国实现了此项目高年组金牌零的突破。

李希贵校长曾说过："我们很清楚，学生对黄辰亮的崇拜只能持续一段时间，很快就会被不断更新的事件淹没。因此，如果让'黄辰亮精神'成为学校文化的一部分，让学校的日历上专门有一天属于这种精神，那么，这件事情和这个人物所具有的特殊意义，不就能被永远铭记了吗？"

我有一间琴房！

在十一校园，一个个学生的名字，传播着值得师生长久记忆的教育事件。

在学校艺术馆六层，你会看到一间未爱霖琴房，牌子上记录了未爱霖在 2011 年十一学校第二届钢琴艺术节活动中荣获金奖的事迹。

热爱弹钢琴的她，在 2011 年冬天，看到学校举办第二届钢琴艺术节的通知，就报了名。通知中提到学校正在翻修艺术楼六层琴房，将以获得金奖的同学的名字命名新琴房。结果未爱霖在这次比赛中获得了金奖，因而学校在琴房外立了铭牌，将之命名为"未爱霖琴房"。

"在学校时，我非常自豪。每周乐团的分排时间，我都会去'自己的'琴房练琴。这种感觉很有趣，但也有种被期望、被关注的压力。这提醒我一定要好好练下去，努力有所进步。"未爱霖感慨地说，"10 年过去了，寒假回到十一，当我走到艺术楼六层时，猛然间看到这间琴房，差点落泪。我自己都忘记了，而学校却还保留着它。我能在学校的一个角落留有一点痕迹，这个痕迹还能够激励更多同学，让我感觉很荣幸，也很欣慰。"

成为心中的黄辰亮

当第 14 个黄辰亮日到来时，袁安琪撰写的论文被天文学专业顶尖杂志 ——《皇家天文学会月刊》正式收录，杨溟天夺得了第 38 届全国中学生物理奥林匹克竞赛决赛的金牌并入选国家集训队，程佳懿入围了英特尔国际科学与工程大奖赛（Intel ISEF）的决赛……

在十一学校，同学们进行着"科学打怪之旅"，忙碌在教室和各种实验室中，践行着自己心中的黄辰亮精神。

刘锦龙同学喜欢科技，当他怀着忐忑不安的心情，给从未谋面的窦向梅老师打电话，想要报名参与科技创新项目时，窦老师爽快地答应做他的指导老师。

从查阅资料、确定课题和实验方案，到联系大学实验室，窦老师带着刘锦龙跨入科技探索的神奇世界。刘锦龙曾感慨："科研之路上布满荆棘，研究越深入感觉就越难，但越难越想继续研究。科学的迷人之处在于，永远有未知的世界在前方，等待我去一探究竟。不知经历多少次'失败—归零—重来'的轮回，才能获得宝贵的科学数据。"

◎ 2017年丘成桐中学科学奖颁奖典礼暨十周年庆活动中，王知宜（左一）、赵昊天（左二）、杨笑尘（右二）、梁皓威（右一）四位同学和丘成桐合影

刘锦龙的课题"一种快速无痕净化污水的新方法"获得北京市青少年科技创新大赛的奖项，成果还刊发在期刊《应用化工》上。这让他从此决心把科研纳入自己的人生梦想。他说："现在的我，不仅有梦想，更懂得通向梦想的路上需要付出，需要坚持。"

数学建模助力抗疫

2020 年，面对突如其来的疫情，林珈音和赵凌峰、姜宇越、高温博四位同学，尝试通过数学建模来解决病毒检测难题，探索如何用有限的次数尽可能检测更多个体。

林珈音能想出这个课题，是因为他参加了朱浩楠老师的数学建模课。朱老师的这门课对他产生了很大影响。建模课上，林珈音和同伴们分析很多真实场景中的数学问题。新冠肺炎疫情的检测问题，很快就成为他们的研究对象。

针对核酸混检，林珈音和同伴们提出了一种能在 80 次检测操作中，找出两万人里所有感染者的方案，并证明了它在一定的可行范围内最优。2021 年 4 月，他们带着这个方案，以北京联校数学展优胜队伍的身份，受邀前往澳门参加当地科学展。

作为高中生，四位同学希望在面对疫情中的难题时，能有更多的人将所学灵活地运用到生活中，尝试解决实际问题。

◎同学们在化学高端实验室中做实验

碑帖修复那些事

孙工博是一名书法爱好者，最近在研究《张猛龙碑》的修复问题。回忆起研究过程，他五味杂陈。

《张猛龙碑》经历约 1500 年传承至今，已有多处磨损。孙工博每次欣赏时，总为帖中的残缺感到遗憾。

能否设计一个程序来修复碑帖中残缺的文字呢？孙工博找到人工智能实验课程的郑子杰老师。郑老师不仅肯定了他的想法，还跟他分享了看法，使他明确了研究方向。

但孙工博很快发现了一个问题，研究缺乏有效的、用于碑帖修复的数据集。网络上虽然有大量《张猛龙碑》的图片，但这些图片在尺寸、清晰度上有极大差异，不能直接用于程序。经过漫长的搜寻后，他在一个书法网站上找到了符合要求的《张猛龙碑》图片，然后写了一个程序，借助程序的帮助，很快就获得了足够多的图片。

建立好数据集后孙工博又遇到了一个困难。他从传统的图片修复方法入手，对碑帖进行了修复。但《张猛龙碑》每个字都有独特的艺术风格，这使修复结果并不令人满意，对此他十分沮丧。

这时，郑老师鼓励他不要放弃，而是换个角度思考。孙工博重新开始文献调研，阅读了大量关于图像修复的论文，改为从图像风格迁移入手，设计出一种新算法，并完成了对《张猛龙碑》的修复。

回忆起这段科技与艺术结合的探究之旅，孙工博感慨道："从在坚持中失败，到在失败中坚持，这期间，我收获的不仅是一个程序，更是求知探索路上不断强心健骨的过程！"

像刘锦龙、林珈音、孙工博一样，越来越多的十一学子在科学探索的道路上勇敢前行。他们每天都在挑战和突破自己，努力成长为心中的那个黄辰亮。

（聂 璐）

> **—小贴士—**
>
> 1. 设立校园文化日，是为了对普通校园事件进行捕捉、挖掘和升华。
> 2. 黄辰亮日旨在鼓励十一学子发扬拼搏创新的精神。它的设立能够让"黄辰亮精神"成为学校文化的一部分，让这件事情和这个人物所具有的特殊意义被永久铭记。
> 3. 科研并非只存在于理科，人文社科领域的探索同样是科研。

1 2 3 4 5

6 7 8 9 10

11 12  14 15

16 17 18 19 20
成人礼

21 22 23 24 25

26 27 28 29 30 31
狂欢节

12月19日
成人礼

　　一踏进成人礼仪式的会场，张楷征就被《光阴的故事》的歌声包围。正在播放的，是年级精心制作的视频。儿时稚嫩的留影与18岁时的照片放在一起，无数回忆与感慨在他心中激荡翻涌。

　　面对即将到来的18岁成人礼，他牵起父母的手，昂首站在红毯前。

校长"三拍肩"，一下重过一下

　　张楷征是今天第一位走过成人门的学生。身穿笔挺正装的他，领带打得一丝不苟，比平日更添几分帅气。站在他两侧的，是他的爸爸妈妈。爸爸一手握着楷征的手，另一只手不住地抚着衣角，有些紧张而局促。妈妈则显得自然很多，她忙着帮儿子正了正领带，并拍了拍儿子的肩膀——眼前的小男子汉已经长得比她高了。

◎成人礼上，见证同学们成长时刻的"成人门"

　　伴随着音乐，张楷征和爸爸妈妈一起走上红毯。走过成人门后几步，他松开了和爸爸妈妈牵着的手，转过身，深深地向父母鞠了一躬。一家人深情地拥抱在一起。父母在过去的 18 年里呵护孩子长大。而今，他们将祝福他收获梦想与明天。

　　带着父母的爱与嘱托，张楷征沿着红毯，走到田俊校长面前。校长举起双臂，在他的双肩上重重地拍了三下，一下比一下重。"一——二——三。"张楷征在心里数着，他明白，这一次比一次重的三次拍肩，意味着要"为自己、为家庭、为国家"担负起责任。

　　"三拍肩"是十一学校成人礼仪式上的特殊环节，总能给每一位毕业生留下深刻的震撼。每年，十一学校高三年级全体学生都会走过成人门，一一接受校长满怀嘱托与期待的"三拍肩"。

很多同学都说："没想到校长的拍肩礼会这么重，这也一下子让我意识到自己即将担负的责任！"一下重过一下的"三拍肩"，是希望学生能铭记在心——于己，做一个独立、坚毅的人，砥砺追梦；于家，感恩父母，互相尊重，成为家庭坚实的后盾与港湾；于国，少年心事当拿云，无负时代，勇敢担当。

"谢谢校长！"张楷征向校长深深鞠了一躬，接过一本《中华人民共和国宪法》，昂首向前走去。他的眼前，浮现出自己第一次走进校园时青涩的面庞；回想起他作为学校桥牌社社长，带领队员参赛，骄傲地说出"我们来自北京市十一学校"时的自信……

六年来的无数个画面在张楷征眼前闪过，而他终于在这座校园里，成长为一名青年！

今天我拥有了人生第一枚印章

这天下午，每位走过成人门、接受了校长"三拍肩"的同学，都会收到一枚属于自己的火漆印章。这是年级为他们定制的成人礼物。同学们互相欣赏各自的印章，感叹道："学校真是太贴心了！居然每个人都是不一样的！也太好看了！"

这是一枚胡桃木色手柄、黄铜质地的火漆印章。印章正中用篆书刻着学生的名字，上方是十一学校"思方行圆"的校徽标识和"BNDS 成人礼"字样，下方镌刻着举行成人礼当天的日期。它记录着同学们在这天走过成人门，记录着他们一路走来对同伴、父母、师长的感恩，记录着他们在十一学校的拼搏奋斗与拔节成长。

印章象征着一份庄严的责任与诺言，他们将从这里昂首走向未来。

亲爱的爸爸妈妈，我长大了

全年级同学接受"三拍肩"后，是成人礼中又一个大家非常期待的环节——同学们和父母交换信件。

学生写给父母的信件，是成人仪式一周前在语文课上完成的。"其实，开始时我没想好跟父母说什么，这还是我长这么大第一次写信。后来，我居然洋洋洒洒写了10页信纸，太难以置信了！"张心妍半开玩笑地跟语文老师说。

听说要给父母写信，大部分同学刚开始都一脸茫然，嚷着："这太肉麻了吧！好尴尬！"

课堂上，闫存林老师对同学们说："古人云'见字如晤'。书信是中华传统文化中传情达意最常见也最真挚动人的载体。在战火阻隔的年代，能收到一封跨越万水千山辗转而来的亲笔书信，这是多么深切厚重的情啊！今天就让我们用这古老而质朴的方式，向你最珍视的人，说出心里话吧。"

成人礼仪式现场，张心妍妈妈接过厚厚的信封，眼里充满惊讶。信中写道："妈妈，你知道吗？在我心中你太美了。小时候我最大的心愿，就是快快长大，穿上妈妈的连衣裙、高跟鞋，变得和妈妈一样漂亮。可是，你知道吗？有一天我写作业到深夜，揉着睡眼走进卫生间，发现角落里摆着一瓶黑色染发剂时，我猛地就清醒了。不知怎的，眼泪一直往外流。我忘了从什么时候开始，总是穿连衣裙、高跟鞋的妈妈，换上了运动裤、平底鞋，只为送我上学时能快走几步。而我总抱怨'不要再给我送水果了，我要专心写作业'，却没看到您鬓边的丝丝白发……"

成人礼仪式上的信件交换，让每一位同学向父母道出心中的感谢和爱，也让他们更加懂得自己作为成年人后的责任。

成长，感恩，责任。在成人礼仪式上，学生感恩父母、师长、友人，感恩母校的培养与呵护，感恩自己的勇敢和坚持，也学着努力担负起时代与国家的责任。

（葛方圆）

66 —小贴士

1. 成人礼仪式的时间为冬至日前一周的周五。

2. 成人礼仪式的活动要素包括两封信、成人门、三拍肩礼、成人宣誓、个性化纪念品等。这些共同构成一堂特殊的课程。

3. 《北京市十一学校行动纲要》提出："学校着力于培养志远意诚、思方行圆，即志存高远、诚信笃行、思想活跃、言行规范的社会栋梁和民族脊梁。"当学生手持《中华人民共和国宪法》面对国旗宣誓时，他们将领悟成长和肩上的责任。

99

12月31日
狂欢节

年终岁尾，校园笼罩在欢乐又神秘的气氛中。

操场上，教学楼里，走廊中，三三两两的学生仿佛对暗号般进行着秘密交流——

"今年你扮什么？"

"你负责给哪个老师装扮？"

"我可太期待咱们数学老师的服装了！"

"嘘！不要被老师听到，我们还得给他一个惊喜呢！"

十一学校一年一度的狂欢节就要到了！这是学生热切盼望的日子。自2011年举办首届至今，每年的12月31日，全校师生围绕一个主题，完成集体大变装，打造激情洋溢的校园大派对，在狂欢中迎接新的一年。

来，我们为校长装扮装扮

十一学校的狂欢节，从主题确定、活动创意到筹备、运营，都由学生团队完成。当他们深度参与，甚至作为负责人承担任务时，学习与成长就这样自然发生了，而师生关系的小花朵，也在教室之外的大课堂中悄然萌发。

每年 10 月，狂欢节核心方案的招投标工作启动。这时，学生自发组成策划团队，确定主题方案、创意构想和活动设计，由师生共同组成的评审会进行答辩评审，票数最高的一组当选本年度狂欢节主创团队。

狂欢节的核心主题一经确立，学校各社团、学生组织便会纷纷行动起来，在学校羽毛球馆、图书馆等公共区域承办活动，并在年级组建团队，为每一位老师设计变装形象。年终最后几天的课堂上，总有许多老师身穿同学们准备好的"奇装异服"走进教室，在掌声、尖叫声中，为课堂带来奇妙色彩。

每年狂欢节开幕式上，最令人期待的是校长的装扮。校长的装扮由学生决定，比如，装扮成加勒比海盗、霍格沃茨校长邓布利多、美猴王、宇航员……每年校长一登场，都会引起同学们的欢呼和尖叫。

2014 年，主创团队的贾昕平、王洲、李筱佳、刘毅伦几位同学负责为李希贵校长装扮。他们准备用一套炫酷的"大黄蜂"来满足同学们对今年校长形象的期待。

大黄蜂高端的外表下是非常笨重的道具，包括一双又硬又大的机器鞋。校长刚一穿上就摇摇晃晃，别说走路了，站稳都难。而更衣室距离开幕式现场有很长一段路，几位同学有些担心这套衣服太沉，校长却挥着拳头跟他们说："没事，别担心，我可是'大黄蜂'啊！"他就这样一路摇摇摆摆，时而扶墙，时而跺跺脚，还一直不忘用拳头和同学们打招呼问好。

"唉！你快看，是大黄蜂！""好像……是校长？"路过的同学纷纷发出惊叫，有的伸出手和校长"击拳"，有的拍拍大黄蜂的盔甲，还有同学看校长走得艰难，主动上前搀扶。他们就这样笑着闹成一团，一路往操场走去。

狂欢节结束的第二天，李希贵校长发现了一个细节，很多学生敢当面主动和他打招呼了，不像之前总是眼神害羞地闪躲。于是，他知道，自己装扮成"大黄蜂"吃的苦，非常值！

"大侠"也狂欢

"沧海一声笑，滔滔两岸潮，浮沉随浪只记今朝……"这熟悉的武侠音乐一响起，操场上围观的同学瞬间涌向主舞台，人头攒动。

伴随着同学们精心撰写的解说词，一位位侠义人物隆重出场。潇洒飘逸的"黄药师"缓缓踱步，慢悠悠捋着胡子，仙气飘飘；率真刚直的"郭靖"飞身一跃，弯弓射雕；男扮女装的"红拂女"风情万种地走到台前，引发无数尖叫，将全场推向高潮……这些人物都是由老

◎ 来赴狂欢盛宴的"大侠"闫存林老师

◎年级老师们穿上学生亲手设计的侠义人物装扮

师扮演的。他们一登场，十一校园瞬间变成快意恩仇的武侠世界。

其实，狂欢节上这场展示活动，是语文学科的一项学习任务。

一个月前，初三年级的语文老师发布了"狂欢节中的语文学习"任务——狂欢节时，请在深入阅读侠义文学的基础上，为每一位年级老师设计一位侠义人物角色，并为他/她进行装扮。

学习任务一发布，就引起了巨大轰动。同学们摩拳擦掌，兴致勃勃地投入侠义文学的阅读中，力求给喜欢的老师打造最适合的人物形象。随处都能见到学生学习语文的场景，他们如火如荼地阅读、讨论，热情十分高涨。

为了让狂欢节成为语文学习中真实且奇妙的语文情境，老师们不断收集学生的疑问：如何准确归纳人物特征？不同作品中的人物形象如何比较？当你要写一封信说服老师装扮此人物时，你会如何劝说？针对这些疑问，老师们设计了相应的工具和资源包。

每一位同学都充分参与到这场特殊又普通的语文实践中。说特殊，是因为语文学习前所未有地与狂欢节相融合；说普通，则缘于这是语文学习最本质的模样。

2017 年年末的狂欢节，成为令人难忘的侠义世界。

令学生尖叫的"十事实办"

在几位同学的遥控下，一位可爱的人形机器人挥动双臂，缓缓走向舞台中央。只听机器人开口道："各位同学，大家好，今年的'十事实办'将由我来宣布。你们是不是很期待呢？"

机器人每说出一项"大事"，无论是重新整修篮球场，还是改善宿舍环境，抑或增加学校课程，都引发同学们的一阵阵欢呼尖叫。看来这每一件"大事"，都说到了同学们的心坎里。

"十事实办"的发布，是学校狂欢节的重头戏。未来一年学校将发生哪些变化、这些变化将如何影响师生的生活，这些备受瞩目的话题，会在狂欢节上揭晓。

每年的"十事实办"项目面向全校学生进行征集。同学们围绕校园基础建设、课程建设、制度文化建设等方面提出建议，经过学校各部门调研、学生投票后，确定十项未来一年要落实的大事。

"十事实办"项目让越来越多的同学养成了细心观察校园、勤于反思的习惯。

常成同学注意到自行车停在学校北门会被淋湿，影响放学后骑车回家，便提出在北门修建停车棚的建议。该建议入选了当年学校的"十事实办"项目。

他说："正是学校开放的'十事实办'等建言献策的渠道，让我养成了愿意留心身边问题并积极提出解决方案的习惯。未来我也十分愿意为集体、为社会贡献力量。"

从引进高科技企业与课程融合，到校园开心农场的建设；从增设室外运动场地照明设施，到在校园里加装 AED；从设立方圆秀场为同学们的才艺提供展示平台，到设置流动图书馆……一年又一年，这些关系学校发展的大事在狂欢节上发布，在同学们的欢呼和尖叫声中拉开帷幕，又在下一年逐项落实，接受全校师生的检验。

"十事实办"项目已成为学生参与校园事务的有效平台，为他们成长为爱观察、勤思考、有充分主人翁意识的新时代公民奠定了坚实基础。

狂欢节，以它独特的风格陪伴一届又一届学生走过年终岁尾。一拨又一拨毕业生，盼着能在这一天从世界各地回到母校，再参加一次狂欢节。

（葛方圆）

66 小贴士

1. 狂欢节是十一学校代表性的节日之一。

2. 此活动有 7 项要素。即教育主题聚集，集体开场与年级、社团分别组织的总分活动模式，学生决定教师、校长角色，一半角色面目全非以制造神秘感，项目类型多样，游戏化，作品变现等。

99

春夏秋冬，四季更替；日升月落，斗转星移。

人类，在大地上繁衍生息；学子，在校园里奔跑、长大。

时光在这座校园里停驻又流淌。每一位参与写作的老师，都是这岁岁年年日子的见证者、参与者、记录者。

刚走入十一时，我们对这所校园的了解还不如大多数学生。但我们带着一股子冲劲儿，一头扎进学生中间，和孩子们为开学典礼奋战到凌晨看星光，在多元文化理解日排练现场唱念做打，在泼水节的水池中混战成一团，在成人礼宣誓时发现他们早已长高长大……，校园中的每一个日子和活动，都少不了我们的身影。

如今，虽然资历尚浅，入职只有短短几年，但我们还是决定记录下装满了教育的每一个日子，记录下十一学子赐予我们的惊喜和感动。

年轻的我们，也在这一行行、一页页中，书写着属于青年一代教育者的成长。

成书过程中，我们还收获了来自许多老师莫大的鼓励与帮助。感谢李建平老师和那些一个个打磨书稿的夜晚。感谢 2019 届校友宋青林同学为本书设计封面和版式。他将自己曾经在十一的日子和这座校园带给他的成长体悟，融进色彩与线条，成为《把教育装进日子里》最好的代言人之一。

这本书中所提到的，只是一个个平常的日子。没有惊心动魄，也不荡气回肠。只因装满了教育，而在孩子生命成长的路上，成为一个个重要的加注、标记。

容光钟下银杏绿了又黄。那特殊的某一天、某件事、某种体验、某个瞬间，早已凝结在每一位十一老师和学子的心中，如琥珀般，不论过去多久，都依然鲜活、清晰。

故事太多，纸短情长。碍于篇幅，我们只能选择其中一部分写下，每一个日子背后，都承载着十一人的成长与怀念。

每天清晨，一个个孩子从家里走出，走进校园。他们在这里交汇、碰撞、蜕变，然后走出学校，走向世界。

我们相信，有什么样的校园生活，就会培育出什么样的孩子。把教育装进日子里，这里的每一天、每一段故事，都有温度。

日子，仍在继续；故事，还在发生。
玉泉路 66 号，成为一代又一代十一学子深深怀念的地方。

出　版　人　郑豪杰
责任编辑　万海刚
内文摄影　李　强　马占成　等
内文设计　许　扬
责任校对　贾静芳
责任印制　叶小峰

图书在版编目（CIP）数据

把教育装进日子里／北京市十一学校"我们的故事"
项目组著.—北京：教育科学出版社，2022.9（2023.12重印）
ISBN 978－7－5191－3228－6

Ⅰ.①把… Ⅱ.①北… Ⅲ.①中学教育—文集 Ⅳ.
①G63-53

中国版本图书馆CIP数据核字（2022）第 156384 号

把教育装进日子里
BA JIAOYU ZHUANG JIN RIZI LI

出版发行	教育科学出版社				
社　　址	北京·朝阳区安慧北里安园甲 9 号	邮　　编	100101		
总编室电话	010－64981290	编辑部电话	010－64989441		
出版部电话	010－64989487	市场部电话	010－64989009		
传　　真	010－64891796	网　　址	http://www.esph.com.cn		
经　　销	各地新华书店				
印　　刷	运河（唐山）印务有限公司				
开　　本	720 毫米 × 1020 毫米　1/16	版　　次	2022 年 9 月第 1 版		
印　　张	12.5	印　　次	2023 年 12 月第 3 次印刷		
字　　数	150 千	定　　价	78.00 元		